INHALT ALLE PFLANZEN IM ÜBERBLICK

↗ *SEITE 28*

Obstgehölze

- Alles über die Grundlagen des Obstbaumschnitts, Kronenformen, Pflanzung, Erziehung, Erhaltung und Verjüngung von:
- Apfel, Birne, Pflaume, Kirsche, Aprikose, Pfirsich, Quitte und Beerenobst wie Johannisbeere, Stachelbeere, Himbeere und Brombeere sowie Wal- und Haselnüssen.

↗ *SEITE 58*

Ziergehölze

- Zierbäumen richtig schneiden: Egal ob malerischer Wuchs, Trauerform oder Kugelkrone. so bleiben sie in Form. Dazu Pflanzung, Erziehung, Erhaltung und Verjüngung, aber auch das Fällen von Zierbäumen wie:
- Ahorn, Felsenbirne, Magnolien und anderen.

↗ *SEITE 74*

Ziersträucher

- Ziersträucher wie Flieder, Forsythie, Sommerflieder oder Lorbeer-Kirsche richtig pflanzen, erziehen, schneiden, verjüngen und pflegen.

↗ *SEITE 86*

Formschnitt

- Buchs, Ilex, Liguster oder Eibe lassen sich duch Schnitt in beinahe jede Form bringen. Hier steht, wie es geht.

| Basics | Obst | Zierbäume | Ziersträucher | Formschnitt | Hecken | Kletterpflanzen | Rosen | Stauden |

↗ *SEITE 92*

Hecken

- Pflanzung, Erziehung und Pflege von sommergrünen und immergrünen Laub- und Nadelholzhecken.
- Porträts der besten Gehölzarten für dichte und schöne Hecken.

↗ *SEITE 106*

Kletterpflanzen

- Clematis werden je nach Wuchs in drei Schnittgruppen eingeteilt. Wie diese behandelt werden, lesen Sie hier.
- Dazu Porträts der schönsten Kletterpflanzen mit ihren Ansprüchen sowie wann und wie sie geschnitten werden.

↗ *SEITE 112*

Rosen

- Nur wenn Gartenrosen richtig geschnitten werden, blühen sie üppig und lange.
- Alles über den Schnitt von Edel- und Beetrosen, Strauchrosen, Kletterrosen wie Climber und Rambler sowie Kleinstrauch- und Bodendeckerrosen.

↗ *SEITE 120*

Stauden

- Viele Stauden können durch Schnitt zu einer zweiten Blüte angeregt werden, Sommerblumen werden buschiger wenn man sie rechtzeitig pinziert (stutzt).

WAS FINDE ICH WO?
INHALT

Alle Pflanzen im Überblick 02

Basics
Scheren & Messer 08
Sicherheit & Steighilfen 10
Wachstumsgesetze 12
Richtig schneiden 14
Äste absägen 18
Wachstum leiten 20
Schnittwunden versorgen 22
Schnittfehler vermeiden 24
Vorbeugende Pflege 26

Obstgehölze
Kronenformen 30
Grundlagen 32
Pflanzung & Erziehung 34
Verjüngungsschnitt 36
Apfel 38
Birne 40
Pflaume 42
Süß-Kirsche 44
Sauer-Kirsche 46
Pfirsich, Aprikose & Quitte 48
Johannis- & Stachelbeere 50
Himbeere 52
Brombeere 54
Walnuss 56
Haselnuss 57

Ziergehölze
Pflanzung 60
Grundlagen 62
Pflanzung & Erziehung 64
Erhaltungsschnitt 66
Verjüngungsschnitt 68
Nadelgehölze 70
Bäume fällen 72

Ziersträucher
Pflanzung 76
Pflanzschnitt 78
Erziehungsschnitt 80
Erhaltungsschnitt 82
Verjüngungsschnitt 84

Formschnitt
Scheren 88
Formen schneiden 90

Hecken
Pflanzung & Erziehung 94
Schnittformen 96
Sommergrüne Laubgehölze 98
Immergrüne Laubgehölze 100
Nadelgehölze 102
Verjüngen 104

Kletterpflanzen
Clematis 108
Weitere Arten 110

Rosen
Grundlagen 114
Spezieller Schnitt 1 116
Spezieller Schnitt 2 118

Stauden und Sommerblumen
Schnitt 122

Glossar 124
Register 125
Impressum 127

KOSMOS SOFORTHELFER

| Basics | Obst | Zierbäume | Ziersträucher | Formschnitt | Hecken | Kletterpflanzen | Rosen | Stauden |

BASICS

EINE GUTE ASTSCHERE IST DAS WICHTIGSTE WERKZEUG FÜR DEN PFLANZEN-SCHNITT.
DIE ASTSCHERE – ES GIBT BACKENSCHEREN, DIE AUCH BYPASS-SCHEREN GENANNT WERDEN UND AMBOSS-SCHEREN – SOLLTE EIN AUSWECHSELBARES BLATT HABEN.

SCHERENTYPEN

Eine Backenschere lässt sich beim Schnitt von Zweigen besser handhaben als eine Ambosschere. Sie schneidet glatt und direkt am Astring. Bei Ambossscheren gleitet die Klinge nicht an einem Backen vorbei, sondern trifft auf einem Metallblock auf. Dadurch ist ein glatter Schnitt direkt an der Ansatzstelle eines Zweigs nicht möglich. Außerdem wird die Rinde leichter gequetscht.

SCHERE TESTEN!

Beim Kauf sollten Sie verschiedene Scheren testen. Es lohnt sich immer, eine hochwertige Markenschere zu kaufen, die gut in der Hand liegt und mit der Sie auch dicke Zweige mühelos schneiden können. Eine gute Schere ist eine Anschaffung fürs Leben, zumal auch nach Jahren noch Ersatzteile zu bekommen sind. Eine Schere, die nicht richtig funktioniert, erschwert die Schneidarbeit und verursacht schlecht heilende Schnittwunden an der Pflanze – und macht das Schneiden für Sie zu einer lästigen Gartenarbeit.

BESONDERE SCHEREN-TYPEN

Wer viel schneidet, sollte eine Schere mit Rollgriff wählen oder eine mit Übersetzung. Solche Modele sparen viel Kraft. Probieren Sie sie auf jeden Fall aus, denn nicht jeder kommt mit ihnen zurecht. Einige Hersteller bieten Modelle für Linkshänder an, sowie leichte Scheren für Menschen mit kleineren Händen.

SCHEREN-TASCHE

Zur Schere gehört eine passende Tasche, die sich am Hosengurt befestigen lässt. Dadurch hindert sie nicht beim Klettern und ist jederzeit

BASICS SCHEREN & MESSER

WAS
BRAUCHE ICH?

- Astschere
- Baumschere mit langen Holmen
- Astsäge
- Messer
- bei Bedarf: Heckenschere

WORAUF
MUSS ICH ACHTEN?

- **Bei Scheren**
- Austauschbare Klingen
- Keine Billigprodukte
- Gute Passform – Probieren Sie die Schere aus!

- **Bei Sägen**
- Keine Billigprodukte

Astschere

- Es lohnt sich, eine hochwertige Schere zu kaufen, da sie häufig zum Einsatz kommt.
- Eine Markenschere kostet mehr als ein billiges Produkt, hält bei guter Pflege aber länger als eine billige vom Ramschtisch. Vor allem muss sie gut in der Hand liegen und leicht zu bedienen sein.

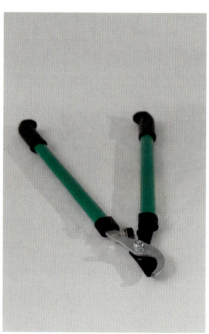

Baumschere mit langen Holmen

- Die Pflege von Gehölzen mit stacheligen oder dornigen Zweigen erleichtert eine Astschere mit langen Holmen. Auch davon gibt es verschiedene Produkte.
- Wählen Sie ein hochwertiges Exemplar aus Edelstahl und Fiberglas oder Eschenholz.

| Basics | Obst | Zierbäume | Ziersträucher | Formschnitt | Hecken | Kletterpflanzen | Rosen | Stauden |

Säge

- Zum Schneiden dicker Äste eignet sich eine kleine Bügelsäge mit einem verstellbaren Blatt oder ein Modell mit einem dünnen, aber stabilen Blatt gleichermaßen gut.
- Von Vorteil ist eine Säge mit klappbarem Sägeblatt.

Messer

- Mit einer Hippe lassen sich viele Pflege- und Schneidarbeiten wie die Nachbehandlung von Sägewunden oder der Stecklingsschnitt durchführen.
- Diese Messer mit ihrer geschwungenen Klinge lassen sich leichter führen als normale Gartenmesser.

KOSMOS SOFORTHELFER

Eine Backenschere lässt sich schärfen, indem die leicht gekrümmte Außenseite mit einem Schleifstein geschliffen wird. Die glatte Innenseite wird nur entgratet. Das Schleifen sollte stets vor dem Einsatz erfolgen, da glatte Schnittwunden schneller heilen. Falls nötig muss das Scherenblatt gelegentlich nachgestellt werden, damit es fest sitzt. Stumpfe Scheren quetschen oder verursachen rissige Wunden.

BASICS SICHERHEIT & STEIGHILFEN

WAS
BRAUCHE ICH?

- Handschuhe
- Schutzbrille
- Stehleiter oder Teleskopleiter
- Hebebühne

WORAUF
MUSS ICH ACHTEN?

- **Bei Handschuhen**
- Wetterfestes Material
- Gute Passform

- **Bei Leitern**
- Stabile, rutschsichere Sprossen
- Handgerechtes, griffiges Holmprofil ohne scharfe Kanten
- Feste Holm-Sprossen-Verbindungen
- Ausklappbare oder verbreitete Standbeine
- Leichtgängiger Klappmechanismus
- Sicherungsbügel bei Schiebeleitern
- Sicherungskette oder -schnur bei Stehleitern
- TÜV-Prüfsiegel
- Mindestens 5 Jahre Garantie

Handschuhe

- Bei Schneidarbeiten haben sich zum Schutz vor Dornen und rauer Borke feste Lederhandschuhe bewährt, die beim Arbeiten auch einen Kälteschutz bieten.
- Billige Produkte sind oft mit chemischen Mitteln imprägniert. Solche Handschuhe erkennen Sie an einem scharfen unangenehmen Geruch.

Schutzbrille

- Beim Häckseln von Zweigen, beim Heckenschneiden mit einer elektrischen Schere, beim Arbeiten mit einer Motorkettensäge und anderen gefährlichen Arbeiten muss eine Schutzbrille getragen werden. Es kommt immer wieder vor, dass Holzstücke oder Zweige absplittern.

| Basics | Obst | Zierbäume | Ziersträucher | Formschnitt | Hecken | Kletterpflanzen | Rosen | Stauden |

KOSMOS SOFORTHELFER

Die Leiter muss richtig aufgestellt werden und sicher stehen. Die meisten Unfälle im Garten geschehen durch Stürze! Nie darf beim Klettern ein Gefühl der Unsicherheit aufkommen. Wenn sie wackelt, wird die Leiter neu aufgestellt oder die Arbeiten erfolgen mit Hilfe eines Schneidwerkzeuges mit Teleskopstiel. Bei Arbeiten auf der Leiter sollte stets ein Helfer dabei sein, der für einen festen Stand sorgt.

Leitern

- Es gibt Stehleitern aus <u>Holz</u> oder <u>Metall</u> für den Haushalt und solide Modelle, die auch der Gartenarbeit standhalten.
- **Haushaltsleitern** sind <u>nur bedingt</u> geeignet, da sie in den Boden einsinken.
- Solide **Stehleitern** helfen bei der Pflege und bei der Ernte, beim Heckenschnitt und bei vielen anderen Gartenarbeiten.

- **Teleskopleitern** sind leicht, belastbar und nehmen, wenn sie zusammengeschoben sind, nicht viel Platz ein.
- Eine **Anlegeleiter** mit einem Holm lässt sich einfacher in den Baumkronen handhaben.

BASICS WACHSTUMSGESETZE

WARUM
WIRD GESCHNITTEN?

- Von Natur aus kommen Bäume und Sträucher ohne Schnitt zurecht. Durch richtige Schnittmaßnahmen bleiben Gartenpflanzen:
- Gesund.
- Blühen reicher.
- Tragen mehr Früchte.
- Behalten die Form und werden nicht zu groß.

WAS
BEWIRKT DER SCHNITT?

- Ein starker Rückschnitt hat einen kräftigen Austrieb zu Folge.
- Ein schwacher Schnitt bewirkt einen weniger starken Austrieb.
- Ein Entspitzen weicher Triebe im Sommer stoppt das Wachstum ud lässt das Holz ausreifen.

Starker Schnitt

- Ein starker Schnitt hat einen starken Austrieb zur Folge, da die ganze Kraft in die wenigen verbliebenen Augen/Knospen der Pflanze gelangt und diese dann besonders stark austrieben.

Schwacher Schnitt

- Wird nur die Spitze entfernt, verteilt sich die Kraft des Triebs auf viele Augen/Knospen und diese treiben nur mittelstark oder mäßig aus.

| Basics | Obst | Zierbäume | Ziersträucher | Formschnitt | Hecken | Kletterpflanzen | Rosen | Stauden |

KOSMOS SOFORTHELFER

Die meisten Fehler beim Schnitt der Bäume und Sträucher im Garten werden durch willkürliches Abschneiden irgendwelcher Zweige gemacht. Bevor Sie also zur Schere greifen und Ihren Obst- und Ziergehölzen ans Geäst gehen, sollten Sie prüfen, ob der Schnitt nötig ist und welche Zweige wirklich stören. Andernfalls schadet der Eingriff mehr als er hilft.

Trieb lenken

- Durch den Schnitt „auf Augen" lässt sich auch gezielt der Austrieb in eine bestimmte Richtung lenken. Wenn etwa über einer nach außen weisenden Knospe abgeschnitten wird, entwickelt sich daraus ein nach außen wachsender Trieb.

Wachstum leiten

- Vor der **Pflanzung** muss ein Gleichgewicht zwischen Wurzeln und Trieben hergestellt werden. Zu lange Seitentriebe werden eingekürzt.
- Das **Entspitzen** im Sommer stoppt das weitere Wachstum und ermöglicht der Pflanze, die Zweige ausreifen zu lassen. Das Längenwachstum wird gebremst.

14 BASICS **RICHTIG SCHNEIDEN**

WAS
BRAUCHE ICH?

- Scharfe Astschere
- Bei stacheligen oder dornigen Pflanzen Handschuhe

WAS
MUSS ICH BEACHTEN?

- Auf Auge schneiden.
- Nicht zu dicht am Auge.
- Nicht zu weit weg vom Auge.
- Sauber schneiden.
- Quetschungen vermeiden.

Schnitt zu dicht am Auge

- Beim Schnitt darf nicht zu knapp an der Knospe abgeschnitten werden, um sie nicht zu verletzen.
- Wird zu dicht am Auge oder einer Knospe geschnitten, kann es passieren, dass diese mit eintrocknet, wenn die Schnitttränder abtrocknen.

Schnitt zu weit weg vom Auge

- Wird zu hoch über einem Auge geschnitten, trocknet der darüberliegende Zweigrest ein und die Wunde kann nicht verheilen.
- Ein zu langer Stummel würde austrocknen und könnte dann von Schadpilzen befallen werden.

| Basics | Obst | Zierbäume | Ziersträucher | Formschnitt | Hecken | Kletterpflanzen | Rosen | Stauden |

KOSMOS SOFORTHELFER

Beim Schnitt „auf Augen" treibt die Knospe, über der ein Trieb abgeschnitten wird, am stärksten aus. Die neuen Triebe aus den nachfolgenden Knospen entwickeln sich weniger stark.
Eine Schere mit geschliffener und richtig eingestellter Klinge ermöglicht einen glatten Schnitt. Eine stumpfe Klinge quetscht das Holz! Das regelmäßige Schleifen ist daher genauso wichtig wie eine gute Schere.

Schnitt bei gegenüberliegenden Augen
- Bei Pflanzen, bei denen die Knospen am Trieb direkt gegenüber liegen, wird etwa 5 mm über den Augen waagrecht geschnitten.

Korrekter Schnitt
- Ideal ist ein leicht schräger Schnitt knapp an der Knospe.
- So verheilt die Wunde optimal.

BASICS **RICHTIG SCHNEIDEN**

WAS
BRAUCHE ICH?

- Scharfe Astschere
- Handschuhe
- Stehleiter oder Teleskopleiter

WAS
MUSS ICH BEACHTEN?

- Sonderfall Weinrebe.
- Astringe stehen lassen.
- Kleiderhaken vermeiden.

Weinreben schneiden

- Nur bei Weinreben erfolgt der Schnitt nicht direkt an einer Knospe, sondern jeweils zwischen 2 Knospen, sodass ein kurzer Stummel stehen bleibt.
- Beim Schnitt an der Knospe würde diese austrocknen.

Kleiderhaken vermeiden

- Beim Abschneiden von Zweigen direkt an der Austriebstelle dürfen keine Zapfen („Kleiderhaken") stehen bleiben.
- Kleiderhaken verhindern die Abschottung der Schnittstelle mit Wundholz. Sie trocknen ein und bilden dann Befallsstellen für Krankheitserreger.

| Basics | Obst | Zierbäume | Ziersträucher | Formschnitt | Hecken | Kletterpflanzen | Rosen | Stauden |

Astring stehen lassen

- Das Abschneiden von Zweigen am Stamm erfolgt stets direkt am Astring. Dabei darf weder ein Zapfen stehen bleiben, noch darf der Astring verletzt werden.
- In diesem je nach Gehölz-Art mehr oder weniger deutlich ausgeprägten Gewebering an der Austriebstelle ruhen teilungsfähige Zellen, die nach dem Schnitt die Wunde überwallen. Die „Heilung" oder Abschottung kann durch einen glatten Schnitt zügig erfolgen.
- Der Schnitt am Astring oder auch „auf Augen" ist nur mit einer scharfen Backenschere möglich und nicht mit einer Ambossschere.

BASICS ÄSTE ABSÄGEN

WAS
BRAUCHE ICH?
- Scharfe Astschere
- Astsäge
- Messer oder Hippe

WAS
MUSS ICH BEACHTEN?
- Erst von unten einsägen.
- Dann von oben absägen.
- Schwere Äste in Teilstücken entfernen.
- Wundränder sauber schneiden.

Große Eingriffe vermeiden

- Störende Zweige sollten abgeschnitten werden, solange sie noch dünn sind.
- Das Absägen von dicken Ästen verursacht große Schnittstellen. Es kann viele Jahre dauern, bis solche Wunden vollständig vom Wundholz abschottet sind.

Stückweise absägen

- Dicke Äste werden stückweise und zuerst von unten zurückgeschnitten.
- So lässt es sich vermeiden, dass er am Stamm ausschlenzt, das heißt, ausbricht und die Rinde mit einreißt.

| Basics | Obst | Zierbäume | Ziersträucher | Formschnitt | Hecken | Kletterpflanzen | Rosen | Stauden |

KOSMOS
SOFORTHELFER

Wie beim Schnitt mit der Schere, ist auch beim Absägen der Astring zu beachten. Diese Wulst umgibt den Ast an der Austriebstelle. Der Schnitt am Astring fördert die Abschottung (Überwallung mit Wundholz). Wenn ein Stummel oder Zapfen stehen bleibt, verhindert dieser den Heilprozess. Bis zur vollständigen Abschottung ist die offene Wunde vom Befall durch Schadpilze gefährdet.

Rest entfernen
- Beim Absägen des letzten Aststücks am Stamm erfolgt erst von oben, wenn auf der Astunterseite eine Sollbruchstelle angesägt wurde.

Wundränder nachschneiden
- Die **Säge** verursacht raue, rissige Schnittwunden. Die Wundränder werden daher mit einem scharfen Messer nachgeschnitten.
- Glatte Schnittstellen haben eine geringere Oberfläche. Das **Nachschneiden** fördert also die Abschottung mit Wundgewebe.

BASICS WACHSTUM LEITEN

WAS
BRAUCHE ICH?

- Stäbe
- Schnur
- Steine oder andere Gewichte

WANN
WIRD DAS WACHSTUM GELEITET?

- Bäume haben einen senkrechten Gipfeltrieb. Dieser wird zunehmend stärker und bildet dann die Stammverlängerung. Ein Eingriff ist nötig, wenn:
- Der Leittrieb abgebrochen ist.
- Ein Spalier gezogen werden soll.

Stäben

- Das Stäben erfolgt mit Bambusstäben (Tonkinstäben).
- Ein krummer Gipfeltrieb wird gestäbt und somit gerade gerichtet. Dazu wird der Stab so am Stamm festgebunden, dass er den Gipfel ein Stück weit überragt. Dann den elastischen Gipfeltrieb an den Stab drücken und ebenfalls festbinden.

Heften

- Zum Heften (Binden) verwendet man Naturfaserschnüre, wie Bast oder Kokosstricke.
- Kunststoffschnüre schneiden in die Rinde ein. Naturfaserschnüre reißen mit der Zeit von selbst auf. Trotzdem müssen die Bindungen regelmäßig kontrolliert und falls nötig gelöst werden!

| Basics | Obst | Zierbäume | Ziersträucher | Formschnitt | Hecken | Kletterpflanzen | Rosen | Stauden |

KOSMOS SOFORTHELFER

Bei Bäumen, die von Natur aus einen senkrechten Mittelleittrieb bilden, übernimmt immer der stärkste Gipfeltrieb die Leitung. Dieser wird, wenn nötig, von Konkurrenztrieben – so genannten Afterleittrieben – befreit.

Absenken

- Bei Obstbäumen werden steile Triebe in eine waagrecht Wuchsrichtung gebracht, da sie dann mehr Fruchtholz ansetzen.
- Das kann durch das Absenken mit speziellen Baumast-Erziehungsklammern erfolgen oder durch das Beschweren mit Gewichten (z. B. Obstnetze mit Steinen).

Abspreizen

- Derselbe Effekt wie durch das Absenken lässt sich durch das Abspreizen erzielen.
- Dabei werden mit zugeschnittenen Hölzchen zu steil stehende Seitentriebe an Obstbäumen in eine waagrechte Stellung gebracht.

BASICS SCHNITTWUNDEN VERSORGEN

WAS
BRAUCHE ICH?

- Scharfe Schere
- Messer oder Hippe
- Wundverschlussmittel (Künstliche Rinde)

Wunden ausschneiden

- Beim Abschneiden eines Astes mit der Säge bleiben raue Wunden, die mit einem Messer nachgeschnitten werden.
- Dies fördert die Abschottung mit Wundgewebe und verhindert die Ansiedlung von Pilzsporen an den rissigen Stellen.

Altes Holz entfernen

- An alten unbehandelten Schnittstellen wird oft morsches Holz sichtbar. Dieses sollte gründlich bis ins gesunde Holz nachgeschnitten werden.
- Dadurch lässt sich der Fäulnisprozess aufhalten und der Verfall des Baumes verzögern.

| Basics | Obst | Zierbäume | Ziersträucher | Formschnitt | Hecken | Kletterpflanzen | Rosen | Stauden |

KOSMOS
SOFORTHELFER
Wundverschlussmittel dürfen nur auf gesundes Holz aufgetragen werden. Bei morschem Holz schützen sie auch die bereits eingedrungenen Schadpilze, die dann unter der Schutzhaut weiter wuchern und zu noch größerem Schaden führen.

Wundverschlussmittel

- Bei <u>großen Schnittwunden</u> kann es mehrere Jahre dauern, bis sie völlig vom Wundgewebe überwallt sind.
- Zum <u>Schutz vor Austrocknung</u> und vor Nässe kann ein Wundverschluss mit künstlicher Rinde hilfreich sein.

Verheilte Wunde

- Bei richtiger Schnittführung glatt am Astring beginnt die Abschottung schon bald nach dem Schnitt.
- <u>Vom Astring ausgehend</u> bildet sich ein Wundgewebe (Kallus), das die Schnittstelle nach und nach überwallt.

BASICS SCHNITTFEHLER VERMEIDEN

WAS
MUSS ICH VERMEIDEN?

- Fransige Ränder
- Ausgeschlenzte Äste
- Konkurrenztriebe
- Zapfen und Kleiderhaken

Fransige Ränder

- Fransige oder gequetschte Ränder sind das Ergebnis von ausgeleierten Sägeblättern oder stumpfen Scherenklingen.
- Daher darf nur mit gutem und gut gewartetem Werkzeug geschnitten werden. Nachträglich müssen solche Wunden behandelt werden.

Ausgeschlenzte Äste

- Schwere Äste können durch Ihr Gewicht brechen oder durch einen falschen Schnitt ausschlenzen.
- Achten Sie beim Absägen eines dicken Astes darauf, dass er an der Austriebstelle zunächst von unten eingesägt wird. Dadurch ist ein Ausschlenzen nicht möglich.

KOSMOS
SOFORTHELFER

Der Saftfluss der Laubbäume und Sträucher beginnt bereits im Spätwinter – je nach Art früher oder später. Damit die Schnittwunden nicht zu stark bluten, sollte der Schnitt rechtzeitig erfolgen und beendet sein, bevor das Wachstum im Frühling wieder einsetzt.

Konkurrenztrieb/Mitteltrieb

- Wenn steile Konkurrenztriebe zum Mitteltrieb nicht ausgeschnitten werden, bildet sich zunehmend eine Zwistel (steile Gabelung). In dieser bleibt später Regenwasser stehen und das Holz fault.
- Wenn dann einer der steilen Triebe ausbricht, entsteht eine große Wunde.

Zapfen mit Rotpustel

- Dünne Zapfen werden oft von Pilzen besiedelt. Besonders gefährlich ist der Rotpustelpilz, der auch gesundes Holz befällt.
- Solche Krankheitsherde müssen gründlich ausgeschnitten werden. Vorbeugend keine Zapfen stehen lassen.

BASICS VORBEUGENDE PFLEGE

WAS
MUSS ICH BEACHTEN?

- Werkzeug reinigen
- Stämme kalken
- Lose Borke entfernen
- Wildverbissschutz anbringen

Werkzeug reinigen und desinfizieren

- Beim Schneiden bleiben Pilzsporen, Bakterien oder Viren am Werkzeug haften.
- Nach dem Schnitt sollten sie gründlich gereinigt und ggf. desinfiziert werden. Dazu eignet sich das Waschen mit Spiritus oder das Erhitzen in einer offenen Flamme (z. B. die Scherenklinge mit einem Feuerzeug abflämmen).

Kalkanstrich

- Die Rinde junger Bäume ist im Winter durch **Frostrisse** gefährdet. Sie dehnt sich bei mildem Wetter in der Spätwintersonne aus. Bei Nachtfrost zieht sie sich wieder zusammen. Dies führt zu Rindenrissen. Die Spannungen lassen sich durch einen Kalkanstrich oder das Einpacken mit Jute oder Schilfrohrmatten vermindern.

| Basics | Obst | Zierbäume | Ziersträucher | Formschnitt | Hecken | Kletterpflanzen | Rosen | Stauden |

KOSMOS SOFORTHELFER

Der beste Pflanzenschutz ist die Wahl der passenden Arten und frostbeständiger Sorten je nach Klima in der Region. Außerdem sind vorbeugende Pflegearbeiten hilfreich. Besonders empfindliche Arten sind auf ein Winterquartier oder einen Frostschutz angewiesen.

Lose Borke und Risse

- Unter losen Borkenstücken und in Rindenrissen siedeln sich gerne Schadpilze an. Zum Schutz vor Fäulnis sollte die lose Borke gründlich entfernt werden.
- Bei kranken Stellen muss bis ins gesunde Holz ausgeschnitten werden.

Stammschutz gegen Wildverbiss

- Besonders in Ortsrandlagen kommen **Kaninchen** und **Hasen** im Winter in den Garten. Sie können den gesamten Bestand an jungen Obstbäumen ruinieren, indem sie die junge Rinde abnagen. Vorsorglich erhalten die Bäumchen einen Schutzmantel aus Maschendraht oder speziellen Stamm-Manschetten.

OBSTGEHÖLZE

DIE 19 SCHNELLSTEN ANTWORTEN

OBSTGEHÖLZE

BEVOR SIE ZUR SCHERE GREIFEN, UM IHRE OBSTBÄUME ZU SCHNEIDEN, SOLLTEN SIE PRÜFEN, OB DER SCHNITT ÜBERHAUPT NÖTIG IST UND WENN JA, WELCHE ZWEIGE WEGGESCHNITTEN WERDEN MÜSSEN. EIN FALSCHER SCHNITT SCHADET EINEM OBSTBAUM MEHR, ALS ER NÜTZT.

SCHNEIDEN ODER NICHT SCHNEIDEN?

Nicht zu schneiden, ist besser, als irgendwelche Zweige einfach wegzuschneiden. Jedes Obstgehölz gedeiht und fruchtet grundsätzlich auch ohne Schnitt. Wildapfel- und Wildbirnbäume oder auch Zwetschen- und Wildkirschbäume blühen und wachsen und fruchten in der freien Natur auch ohne Pflege und Schnitt.

KRONENERZIEHUNG

Ein Schnitt ist nur nötig, um die Gestalt der Gehölze zu formen und schöne Pflanzen zu erziehen, um sie gesund zu erhalten, und um den Ertrag zu fördern. Ein Schnitt um des Schneidens willen ist nicht nötig. Anders als im Erwerbsobstbau, wo das Aussehen egal ist und nur Ertrag und Fruchtqualität zählen, haben Obstbäume und Sträucher im Garten als Gestaltungselemente auch einen zierenden Wert.

SCHÖNE NUTZGEHÖLZE

In Plantagen stehen die Spindelbuschbäume in Reihen und werden wie am Band geschnitten und beerntet. Im Garten ist das anders. Hier sollen schöne Baumgestalten gedeihem und attraktive Sträucher, und natürlich auch reichlich gute Früchte tragen. Dafür lohnt es sich, ein wenig mehr Mühe und Geduld aufzubringen.

OBSTGEHÖLZE KRONEN- & ERZIEHUNGSFORMEN

WELCHE
FORMEN SIND IDEAL?

- Hohlkrone
- Pyramidenkrone
- Spalier
- Hochstamm

Hohlkrone

- Eine Hohl- oder Trichterkrone ist ideal, um Süß-Kirschen niedriger zu halten. Dazu schneidet man beim Pflanzschnitt den Mitteltrieb weg und lässt nur drei kräftige Seitentriebe stehen. Diese werden eingekürzt, damit sie dicker werden. Die Hohlkrone bleibt niedriger, weil die Pflanzensäfte auf 3 Triebe verteilt werden.

Pyramide

- Die pyramidale Krone entspricht der natürlichen Wuchsform der meisten Obstbäume am besten.
- Sie besteht aus einem senkrechten Mittelleittrieb und gleichmäßig verteilten Seitentrieben, die in mehreren Etagen übereinander angeordnet sind.

| Basics | Obst | Zierbäume | Ziersträucher | Formschnitt | Hecken | Kletterpflanzen | Rosen | Stauden |

KOSMOS
SOFORTHELFER

Für kleine Hausgärten eignen sich besonders gut die niedrigen Baumformen. Das sind vor allem Buschbäume oder Spindelbüsche auf schwachwachsender Veredelungs-Unterlage, denn Hohlkronen brechen leichter auseinander, als Kronen mit durchgehendem Mitteltrieb.

Spaliere
- Spaliere werden durch den Schnitt streng erzogen und in Form gehalten.
- Für die Spaliererziehung eignen sich nur schwachwüchsige Züchtungen. Auf Sämlinge veredelte Obstbäume wachsen viel zu stark.
- Weinreben und anderen Kletterpflanzen im Garten an Spalieren gezogen werden.

Hochstamm
- Ein Hochstamm ist der ideale Hausbaum.
- Die untersten Äste der Krone wachsen in mindestens 180 cm Höhe am Stamm – so kann man unter ihm bequem sitzen und hindurchlaufen.

OBSTGEHÖLZE # GRUNDLAGEN DES SCHNITTS

WAS
MUSS ICH BEACHTEN?

- Wahl der Unterlage stark- oder schwachwüchsig?
- Lang- und Fruchtriebe werden unterschiedlich geschnitten
- Wasserschosse und Reiter werden so schnell wie möglich entfernt.

Unterlagen/Veredelungen

- Aus Obstkernen entwickeln sich Sämlinge, die selten dieselben Eigenschaft haben, wie der Baum, von dem sie stammen.
- Fast alle Sorten müssen deshalb veredelt werden. Dazu dienen ausgewählte Wurzel-Unterlagen, die ihrerseits das Wachstum bestimmen.

Langtriebe

- Obstbäume bilden Langtriebe, die nur Blätter tragen. Sie sind für die Entwicklung der Krone und die Versorgung zuständig. Bei der Kronen-Erziehung sind diese Triebe zu beachten.
- Durch den Schnitt dieser Triebe lässt sich die Kronenform festlegen.

| Basics | Obst | Zierbäume | Ziersträucher | Formschnitt | Hecken | Kletterpflanzen | Rosen | Stauden |

KOSMOS SOFORTHELFER

Reiter sind steile Wasserschosse, die nicht rechtzeitig ausgeschnitten wurden und sich dadurch zu dicken, steilen Ästen entwickeln konnten.
Sie behindern die Entwicklung eines gleichmäßigen, lichten Kronengerüsts noch mehr als die einjährigen Wasserschosse und müssen deshalb ausgeschnitten werden.

Fruchttriebe

- An mehrjährigen Zweigen bilden sich Fruchttriebe. Sie sind an dicken Knospen zu erkennen, die im Frühjahr aufblühen und nach der Bestäubung fruchten. Das Fruchtholz wird in der Regel nicht geschnitten.

Wasserschosse

- Besonders nach einem starken Rückschnitt wird der Baum zur Entwicklung vieler steiler Triebe angeregt.
- Sie stören in der Krone, da sie den gewünschten lichten Wuchs behindern.
- Wasserschosse werden an der Austriebstelle entfernt, am besten abgerissen.

PFLANZ- & ERZIEHUNGSSCHNITT

OBSTGEHÖLZE

WAS
BRAUCHE ICH?

- Astschere
- Spaten und Schaufel
- Pfahl oder Pflock
- Bindestrick, z. B. Kokos

WARUM
IST DER ERSTE SCHNITT WICHTIG?

- Der Schnitt in den ersten Jahren wirkt sich maßgeblich auf die Krone eines Baumes aus und darf nicht vernachlässigt werden.
- Dabei genügt es, ausgewählte Zweige zu erhalten und in bestimmte Richtungen zu lenken und alle störenden Triebe zu entfernen.

Vor Pflanzung

- Mit dem Pflanzschnitt wird die Kronenform festgelegt.
- Bei der Pyramidenform wird der senkrechte Mitteltrieb um etwa ⅓ eingekürzt.
- 3–4 gleichmäßig am Stamm angeordnete und möglichst waagrechte Seitentriebe bleiben erhalten. Störende Triebe werden entfernt.

Pflanzung

- Ein Baum mit Wurzelballen kommt nach dem Austopfen aus dem Container so tief in den Boden, dass die Oberkante des Ballens bündig zur Erdoberfläche sitzt.
- Bei einem Baum mit losen Wurzeln gibt der Wurzelhals die Pflanztiefe vor.
- Die Veredelungsstelle muss immer über der Erdoberfläche liegen.

| Basics | Obst | Zierbäume | Ziersträucher | Formschnitt | Hecken | Kletterpflanzen | Rosen | Stauden |

KOSMOS
SOFORTHELFER

Die beste Pflanzzeit ist für wurzelnackte Bäume das Frühjahr und der Herbst. Containerpflanzen können auch den Sommer hindurch gepflanzt werden. Wichtig ist bei allen nach der Pflanzung: Regelmäßig und durchdringend wässern, bis der junge Baum fest eingewurzelt ist. Ein häufiges, aber nur oberflächliches Gießen macht den Baum anfällig für Trockenheit.

Baumpfahl

- Für einen jungen Obstbaum ist normalerweise ein Pfahl ausreichend. Er wird mit der vorherrschenden Windrichtung schräg in den Boden geschlagen.
- Zum Binden in Form einer doppelten Acht eignet sich ein Kokosstrick.

Schnitt im 1. Jahr und in den Folgejahren

- Im Jahr nach der Pflanzung werden alle störenden Triebe entfernt.
- Die Triebe, die sich aus den obersten Knospen zu mehr oder weniger kräftigen Triebe entwickelt haben, bleiben erhalten und dienen zum Aufbau des Kronengerüsts.

OBSTGEHÖLZE VERJÜNGUNGSSCHNITT

WAS
BRAUCHE ICH?

- Astschere
- Astsäge
- Leiter
- ggf. Wundverschlussmittel

WANN
SOLLTE VERJÜNGT WERDEN?

- Wenn ein Baum einige Jahre vernachlässigt wurde und er nicht regelmäßig einmal jährlich geschnitten wurde, wird die Krone zu dicht.
- Dann bleibt nichts anderes übrig als das Zweiggewirr auszulichten und neu zu ordnen.

Äste auswählen

- Wenn sich schon dicke Äste entwickelt haben, muss kräftig eingegriffen werden. Je älter ein Baum ist, desto behutsamer muss man vorgehen, aber selbst alte Bäume sind austriebsfähig.
- Starker Rückschnitt führt zu kräftigem Austrieb. Daher den Pflegeschnitt in den folgenden Jahr nicht vernachlässigen!

Totholz ausschneiden

- Abgestorbene, vertrocknete Zweige und Äste werden herausgeschnitten.
- Sie sind im Winter an der rissigen Rinde erkennbar.
- Oft sitzt dürres Holz auch im Kroneninneren.

| Basics | Obst | Zierbäume | Ziersträucher | Formschnitt | Hecken | Kletterpflanzen | Rosen | Stauden |

KOSMOS SOFORTHELFER

Die beste Zeit für die Verjüngung ist in der Saftruhe im Winter.
Totholz kann selbstverständlich auch im Sommer entfernt werden. Man erkennt es an der trockenen Rinde, die beim Abkratzen nicht grün ist und an den fehlenden oder trockenen Blättern.

Große Äste schneiden

- Zunächst wird das alte, meist noch gut erkennbare, Kronengerüst freigeschnitten. Nach dem Entfernen toter Äste werden alle störenden, steilen und nach innen wachsenden Zweige ausgelichtet.
- Große Triebe werden Stück für Stück zurückgeschnitten, um Ausschlenzen zu verhindern.

Ergebnis

- Nach der **Verjüngung** zeichnet sich wieder eine Krone mit günstig angeordnetem Astgerüst ab.
- Im Jahr danach hält sich der Fruchtertrag in Grenzen. Der Baum braucht zunächst seine Kraft zur Entwicklung neuer Triebe.

OBSTGEHÖLZE APFEL

WAS
BRAUCHE ICH?

- Ausgewählte Jungpflanze aus der Baumschule, je nach Standort und Erziehungsform.

WORAUF
MUSS ICH ACHTEN?

- Je nach Wuchsstärke muss der verfügbare Raum und Standort ausreichen, damit sich eine schöne Krone entwickeln kann.

Hoch- und Halbstamm

- Die untersten Äste sitzen beim Hochstamm in 180 cm und beim Halbstamm in 120 cm Höhe über dem Boden.
- Man spricht von einer Kronenhöhe von 180 cm bzw. 120 cm.

Busch

- Beim Buschbaum beginnt die Verzweigung bereits in ca. 60 cm Höhe.
- Die im Vergleich zum Hochstamm verhältnismäßig niedrige Krone macht die Pflege und insbesondere den Schnitt leichter, allerdings kann sie etwa beim Rasenmähen hinderlich sein.

| Basics | Obst | Zierbäume | Ziersträucher | Formschnitt | Hecken | Kletterpflanzen | Rosen | Stauden |

KOSMOS SOFORTHELFER

Die Wahl der Kronenhöhe richtet sich nach dem Standort. Für einen Hausbaum kommt nur ein Hoch- oder Halbstamm in Frage. Spindelbüsche und Spalierbäume eignen sich vorzugsweise für Obsthecken oder für die Wandbegrünung.

Spindel

- Spindelbüsche sind besonders schwach wachsende Apfelbäume, die bis in Bodennähe verzweigt sind.
- Sie werden auf Typen-Unterlagen veredelt, die nur ein schwaches Wurzelwerk entwickeln. Sie brauchen immer und dauerhaft einen Stützpfahl.

Spalier

- Spalierbäume sind bereits vorgezogen in der Baumschule zu bekommen.
- Sie lassen sich beliebig formen. Allerdings ist ein regelmäßiger Erziehungsschnitt und das Heften an ein Stützgerüst nötig, damit die Form erhalten bleibt.

OBSTGEHÖLZE **BIRNE**

WAS
BRAUCHE ICH?

- Eine Containerpflanze oder einen wurzelnackten Baum aus der Baumschule.
- Für Busch- oder Spalier-Erziehung Veredelung auf Quitten-Unterlage.
- Für Hoch- und Halbstamm Sämling als Wurzel-Unterlage.

WORAUF
MUSS ICH ACHTEN?

- Die Blätter müssen frei von Rostpilzen sein (an orange-roten Punkten erkennbar).
- Birnbäume brauchen einen tiefgründigen, durchlässigen Boden.
- Schwere Lehmböden sind für diese Obstart ungeeignet

Hoch- und Halbstamm

- Die Stammhöhe beträgt 180 cm oder 120 cm, bei Sorten mit überhängendem Wuchs (z. B. 'Alexander Lukas') ist eine Zwischenveredelung nötig, d. h. diese Sorten werden auf einen Stammbildner veredelt. Es gibt also eine Veredelungsstelle am Wurzelansatz und eine am Kronenansatz.

Busch

- Die Verzweigung beginnt in ca. 60 cm Stammhöhe. Buschbäume sind schwachwüchsiger als Hoch- oder Halbstämme und besser für kleine Gärten geeignet.

| Basics | Obst | Zierbäume | Ziersträucher | Formschnitt | Hecken | Kletterpflanzen | Rosen | Stauden |

Spalier und Fächer

- Für die strenge Erziehungsform z. B. an einer Hauswand sind Jungpflanzen auf schwachwachsender Quitten-Unterlage nötig. Günstig wirkt sich eine Südwand auf gutes Gedeihen aus.

Spindel

- Spindelbüsche sind bis zum Boden verzweigt. Sie bilden keine kräftigen Äste, sondern entwickeln ihr Fruchtholz direkt am senkrechten Mittelleitrieb. Die kleinen, schmalen Bäumchen sind ideal für kleine Gärten und Obsthecken.

OBSTGEHÖLZE PFLAUME

WAS
BRAUCHE ICH?

- Eine gesunde kräftige Containerpflanze oder Pflanze mit losen Wurzeln aus der Baumschule mit der gewünschten Kronenhöhe entsprechender Verzweigung.

WORAUF
MUSS ICH ACHTEN?

- Pflaumen bilden oft Wildtriebe aus der Wurzel-Unterlage. Diese müssen bereits beim Pflanzschnitt vollständig entfernt werden.

Hoch- und Halbstamm

- Eine Hochstamm-Erziehung mit eine Stammhöhe von 180 cm ist nicht üblich, aber machbar.
- Gebräuchlicher ist die Erziehung als Halbstamm mit 120 cm Kronenhöhe.
- Pflaumen bilden kleinere Kronen als etwa Süßkirschen oder Apfelbäume auf starkwachsender Unterlage.

Busch

- Der Buschbaum mit ca. 60 cm Stammhöhe ist ebenfalls wie der Halbstamm gebräuchlich. Dazu eignen sich Veredelung auf St.-Julien-Unterlagen.
- Die Myrabolanen-Unterlage bildet starkwachsende Bäume.

KOSMOS SOFORTHELFER

Die meisten Pflaumensorten sind selbstunfruchtbar und auf einen passenden Pollenspender angewiesen. Die Pflanzung mehrerer Sorten oder Bäume, auf welche zwei Sorten veredelt sind, wirkt sich günstig auf die Bestäubung aus und sichert so die Erträge.

Spalier und Fächer
- Als Spalier oder Fächer sind wie beim Busch vorzugsweise schwachwachsende Pflaumenbäume geeignet.
- Bereits bei oder nach der Pflanzung ist für die strenge Erziehung ein Gerüst nötig.

Spindel
- Als Spindelbäume lassen sich Pflaumen nicht erziehen, weil sie ein gut verzweigtes kräftiges Astwerk entwickeln.

OBSTGEHÖLZE **SÜSS-KIRSCHE**

WAS
BRAUCHE ICH?

- Einen jungen Hochstamm, Halbstamm oder Busch der gewünschten Sorte mit guter Verzweigung in der entsprechenden Kronenhöhe.

WORAUF
MUSS ICH ACHTEN?

- Süß-Kirschen sind selbstunfruchtbar und auf einen passenden Pollenspender angewiesen. Im Garten oder in der Nachbarschaft sollten Kirschbäume stehen, die zur selben Zeit blühen.
- Süß-Kirschen vertragen keine Staunässe, sondern brauchen tiefgründigen Boden ohne Verdichtungen.
- Süß-Kirschen sind anfällig für Gummifluss, wenn sie zu spät im Frühjahr geschnitten werden.

Hoch- und Halbstamm

- Diese starkwüchsigen Steinobstbäume werden als Hoch- oder Halbstämme mit 180 cm oder 120 cm Kronenhöhe erzogen.
- Sie brauchen ausreichend Raum zu Entfaltung ihrer ausladenden Krone.
- Für kleine Gärten sind die großen Kronenformen ungeeignet. Sie lassen sich **nicht durch den Schnitt klein** halten.

Busch

- Als Buschbäume kommen nur Sorten in Frage, die auf schwachwachsende Unterlagen veredelt sind (z. B. ʹGiselaʹ). Sie entwickeln kleine Kronen in 60 cm Stammhöhe.

| Basics | Obst | Zierbäume | Ziersträucher | Formschnitt | Hecken | Kletterpflanzen | Rosen | Stauden |

KOSMOS
SOFORTHELFER

Süß-Kirschen sind selbstunfruchtbar und auf die Übertragung von Blütenstaub einer anderen Sorte angewiesen. Damit sie fruchten, müssen mindestens zwei Sorten in der näheren Umgebung stehen, die zur selben Zeit blühen.
Zur Befruchtung kann auch der Pollen einer wilden Vogel-Kirsche dienen.

Spalier und Fächer

- Als Spalier oder Fächer sind wie beim Busch vorzugsweise schwachwachsende Süßkirschenbäume geeignet.
- Diese strenge Erziehungsform ist weniger gebräuchlich, aber machbar.

Spindel

- Süß-Kirschen sind Kronenbäume mit starker gleichmäßiger Verzweigung.
- Für diese Erziehungsform mit in Bodennähe beginnender Verzweigung werden <u>einjährige Veredelungen</u> aus der Baumschule gebraucht, die in Bodennähe veredelt sind (Einjährige Okulanten).

OBSTGEHÖLZE SAUER-KIRSCHE

WAS BRAUCHE ICH?

- Einen Baum der gewünschten Sorte mit gleichmäßig verteilten Zweigen in der entsprechenden Kronenhöhe.

WORAUF MUSS ICH ACHTEN?

- Es gibt selbstfruchtbare und selbstunfruchtbare Sorten.
- Selbstunfruchtbare (z. B. 'Koröser Weichsel') sind auf einen passenden Pollenspender angewiesen.
- Selbstfruchtbare (z. B. 'Schattenmorelle') tragen auch ohne Fremdbefruchtung.

Hoch- und Halbstamm

- Als Hochstämme sind nur solche Sorten geeignet, die auf eine Unterlage der Vogel-Kirsche veredelt wurden.
- Für kleine Kronenformen dient die Steinweichsel als Veredelungs-Unterlage.

Busch

- Buschbäume mit ca. 60 cm Kronenhöhe eignen sich als kleine Obstbäume, die leichter zu pflegen sind als Hochstämme.
- Wenn ein senkrechter Mittelleittrieb vorhanden ist, können solche Baumformen auch nachträglich aufgeastet und z. B. zu Halbstämmen umgezogen werden.

KOSMOS SOFORTHELFER

Die Sorten der Sauer-Kirsche unterscheiden sich hinsichtlich ihrer Fruchtbarkeit und im Wuchsverhalten. Manche Sorten neigen zur Bildung von Peitschentrieben, andere streben besonders in der Jugend straff aufrecht. Lassen Sie sich in einer Baumschule vor Ort beim Kauf beraten, dort erhalten Sie die besten Sorten für ihre Region.

Spalier und Fächer

- Sauer-Kirschen sind gut als Spaliere erziehbar. Dazu werden die Jungpflanzen z. B. an ein Gerüst an einer Wand gepflanzt.
- Bereits beim Pflanzschnitt sind abweisende Triebe zu entfernen und die brauchbaren streng an das Gerüst zu heften.

Spindel

- Für schlanke Spindeln eignen sich nur Veredelungen auf Steinweichseln, die bis zum Boden gleichmäßig verzweigt sind.
- Kräftige Triebe werden eingekürzt, um die Entwicklung starker Leitäste zu verhindern und den Austrieb junger Triebe direkt am Stamm zu fördern.

OBSTGEHÖLZE PFIRSICH, APRIKOSE & QUITTE

WAS
BRAUCHE ICH?

- Einen gesunden kräftigen Baum im Container oder mit losen Wurzeln (nur Pflanzung im Herbst oder Frühjahr) mit gleichmäßig angeordneten Trieben in der gewünschten Kronenhöhe.
- Ein Baum genügt, da alle diese Obstarten selbstfurchbar sind.

WORAUF
MUSS ICH ACHTEN?

- Die Pflanzung eines Pfirsichs lohnt sich nur in geschützter Lage (z. B. Innenhof).
- Aprikosen sind frosthärter, haben aber gelegentlich mit der Scharka-Krankheit zu kämpfen. Dabei sterben Ästen in kurzer Zeit ab.
- Quitten bekommen auf kalkhaltigen Böden oft Chlorose, d. h. gelbe Blätter durch Eisenmangel.

Pfirsich-Busch

- Durch den Rückschnitt langer Triebe wird ein stabiles Astwerk aufgebaut: Fruchtende Triebe müssen abgestützt werden.
- Beim Schnitt im Spätwinter kurz vor der Blüte werden falsche Fruchttriebe (nur Blütenknospen) entfernt.
- Wahre Fruchtriebe haben Blüten- und Blattknospen. Sie bleiben erhalten.

Pfirsich-Fächer

- Der Pfirsich lässt sich als formloses Spalier oder Fächer ziehen.
- Dazu werden ausgewählte Triebe an ein Gerüst geheftet.
- Vom Spalier wegwachsende Triebe werden entfernt.

| Basics | Obst | Zierbäume | Ziersträucher | Formschnitt | Hecken | Kletterpflanzen | Rosen | Stauden |

KOSMOS SOFORTHELFER

Lassen Sie sich bei der Sortenwahl von einer Obstbaumschule in Ihrer Nähe beraten. Dort bekommen sie die besten Sorten, die sich für das Klima in Ihrer Region eignen. Pfirsiche gedeihen nur in milden Gegenden wie den Weinbauregionen und selbst dort kann es in strengen Wintern zu Frostschäden oder sogar zum totalem Absterben der Bäume kommen.

Aprikosen-Fächer und -Busch

- **Aprikosen bleiben klein** und eignen sich gut für die Spalier-Erziehung an einer geschützten Hauswand, wo die frühe Blüte weniger frostgefährdet ist.
- Sie lassen sich aber auch als Buschbäume oder Halbstämmen ziehen.

Quitte

- Quittenbäume werden wie Apfelbäume geschnitten.
- Sie lassen sich als Buschbäume, Halbstämme oder sogar als Hochstämme ziehen und brauchen später nur regelmäßig ausgelichtet werden.

OBSTGEHÖLZE JOHANNISBEERE & STACHELBEERE

WAS
BRAUCHE ICH?

- Einen kräftigen Strauch mit 3–4 Trieben oder
- Ein gut verzweigtes Stämmchen, je nach Kronenhöhe ein Fußstämmchen (40–50 cm) oder Hochstämmchen (80–90 cm).

WORAUF
MUSS ICH ACHTEN?

- Kaufen Sie mehltauresistente Sorten.
- Bei Stämmchen müssen Wildtriebe unterhalb der Veredelungs-Stelle sofort bei Erscheinen entfernt werden.
- Als Unterlagen dienen Gold-Johannisbeeren, die Sie an den kleinen Blätter erkennen können.

Pflanzschnitt

- Der Pflanzschnitt richtet sich nach der Art der Sträucher oder Bäumchen.
- <u>Wurzelnackte Pflanzen</u> brauchen einen <u>kräftigen Rückschnitt</u> der Triebe etwa um die Hälfte. Das erleichtert ihnen das Anwachsen. Das Wurzelwerk bleibt erhalten und wird nicht zu stark eingekürzt.

- Nur <u>beschädigte</u> oder <u>zu lange</u> Wurzeln werden eingekürzt oder ausgeschnitten.
- Bei Containerpflanzen werden nur zu eng stehende, nach innen wachsende und überkreuzte Triebe entfernt.

| Basics | Obst | Zierbäume | Ziersträucher | Formschnitt | Hecken | Kletterpflanzen | Rosen | Stauden |

KOSMOS
SOFORTHELFER
Eine Sorten-Mischung von Roten, Weißen und Schwarzen Johannisbeeren, sowie Roten, Gelben und Grünen Stachelbeeren verlängert die Erntezeit durch frühe und späte Züchtungen und macht unabhängiger von Ausfällen durch Pilzerkrankungen. Weiße Johannisbeeren sind geschmacklich den Roten Sorten ähnlich. Die Jostabeere ist eine Kreuzung zwischen Stachelbeeren und Schwarzen Johannisbeeren.

Erhaltungsschnitt

- Beerenobst kommt schon früh in den Ertrag, vergreist aber auch schnell, wenn nicht regelmäßig ausgelichtet wird.
- Der Schnitt erfolgt in der Saftruhe im Winter. Dann ist das blattlose Zweigwerk übersichtlich, und störende Triebe gut erkennbar. Normalerweise genügt es, einige alte Zweige am Boden zu entfernen.
- Lassen Sie 5–7 junge Triebe stehen. Der Schnitt kann dann auch während der Ernte erledigt werden. Diese Sträucher verkraften das Auslichten einiger zu eng stehende Zweige auch im Sommer.
- Wildtriebe aus der Veredelungs-Unterlage sollten ohnehin sofort nach dem Austrieb entfernt werden.

OBSTGEHÖLZE HIMBEERE

WAS
BRAUCHE ICH?

- Containerware bei Pflanzung im Sommer.
- Wurzelausläufer bei Pflanzung im Herbst oder Frühjahr. Fragen Sie Ihre Nachbarn, wenn diese schöne Himbeeren im Garten haben.

WORAUF
MUSS ICH ACHTEN?

- Kombinieren Sie frühe Sorten und im Herbst fruchtende.
- Himbeeren sind Halbsträucher. Sie bringen im ersten Jahr Jungtriebe hervor, die im 2. Jahr fruchten. Danach sterben sie ab.
- Bei neueren Züchtungen können auch die Jungtriebe im Herbst fruchten.
- Achten Sie darauf, dass die Triebe nicht von der Rutenkrankheiten (schwarze Flecken auf den Trieben) befallen sind. Im Garten müssen solche Triebe sofort ausgeschnitten und vernichtet werden.
- Himbeeren können stark wuchern. Damit die Wurzelausläufer im Beet bleiben, sollten sie eingedämmt werden.

Pflanzschnitt

- Containerpflanzen brauchen keinen Pflanzschnitt.
- Wurzelnackte Pflanzen werden stark eingekürzt, damit sie leichter anwachsen.

Erhaltungsschnitt

- Die alten Fruchttriebe werden entweder im Herbst nach der Ernte direkt am Boden abgeschnitten oder im Spätwinter.

| Basics | Obst | Zierbäume | Ziersträucher | Formschnitt | Hecken | Kletterpflanzen | Rosen | Stauden |

KOSMOS
SOFORTHELFER

Wenn genügend Platz im Garten ist und sich z. B. eine Ecke zum Verwildern anbietet, sollten mehrere Himbeer-Sorten angesiedelt werden. Die Vermehrung ist ganz einfach durch Wurzelausläufer möglich. So können etwa im Sommer verschiedene Sorten geerntet und verglichen werden. Wenn es gute Sorten sind, können Sie im Herbst bewurzelte Ausläufer ausgraben und vermehren.

- Von den <u>Jungtrieben</u> bleiben pro Meter in der Reihe 4–5 erhalten.
- Sie <u>fruchten im nächsten Jahr</u>.

- Jungtriebe, die bereits im Herbst zum ersten Mal fruchten, bleiben selbstverständlich erhalten.
- Sie fruchten im nächsten Jahr nochmal.

OBSTGEHÖLZE BROMBEERE

WAS
BRAUCHE ICH?

- Containerpflanzen. Sie wachsen zügig an und kommen früher in den Ertrag als wurzelnackte Pflanzen.
- Alternativ sind Wurzelausläufer möglich, die im Herbst umgepflanzt werden.

WORAUF
MUSS ICH ACHTEN?

- Die Jungpflanzen sollten gesund sein und keine Flecken an den Trieben aufweisen.
- Stachellose Sorten stechen zwar nicht, ihre Früchte haben aber weniger Geschmack.
- Es lohnt sich mehrere Sorten zu pflanzen.
- Brombeeren sind wie Himbeeren nur zweijährig. Sie bilden im 1. Jahr bis zu 5 m lange Ruten hervor. Diese tragen dann im 2. Jahr Früchte. Danach sterben sie ab. In der Zwischenzeit haben sich aber neue, junge Ruten entwickelt, die im Folgejahr fruchten.

Stütze

- Die langen krautigen Triebe tragen sich nicht selbst und brauchen deshalb ein Gerüst.
- Dies kann ein Spalier an einer Wand sein oder ein frei stehendes Spalier.
- Gut eignen sich auch Drahtzäune als Kletterhilfe.

Pflanzung

- Für ein gesundes Wachstum und eine gute Fruchtreife ist ein sonniger Standort auf nährstoffreichem, lockerem Humusboden empfehlenswert. Die Wurzelballen kommen nach dem Austopfen bündig in den vorbereiteten Boden.
- Erde antreten und gut angießen.

Erhaltungsschnitt

- Jedes Jahr im Frühjahr erfolgt der Rückschnitt der abgestorbenen Fruchtruten.
- Die jungen Triebe bleiben erhalten und werden ans Spalier geheftet.
- **Geiztriebe**, das sind junge Seitentriebe, die sich im Sommer bilden, werden eingekürzt.

Stachellose Sorten

- Die stachellosen Sorten 'Thornfree', 'Thornless Evergreen' u. a. erleichtern die Pflege und die Ernte, haben aber leider einen weniger aromatischen Geschmack als die bestachelten Sorten.

KOSMOS
SOFORTHELFER

In rauen Lagen lohnt es sich, die jungen Triebe im Herbst auf den Boden zu legen und mit luftigem Material (Stroh, Tannenreisig, Laub) zu bedecken.
Tayberrys sind Kreuzungen zwischen der Himbeere und der Brombeere und h.ben ein besonderes Aroma. Sie brauchen aber immer einen Frostschutz.

OBSTGEHÖLZE WALNUSS

WAS BRAUCHE ICH?

- Einen veredelten Nussbaum mit Ballen oder im Container.
- Veredelungen kosten mehr als Sämlinge, eignen sich aber erheblich besser für den Hausgarten.

WORAUF MUSS ICH ACHTEN?

- Veredelte Sorten wachsen weniger stark und bilden wesentlich kleinere Kronen. Sie kommen früher in den Ertrag und entwickeln größere Nüsse als Sämlinge.
- Veredelungen sind an einer Verdickung am Wurzelhals zu erkennen.
- Der Baum sollte eine gerade Mittelleitachse haben und gleichmäßig verzweigt sein.

Pflanzung

- Walnussbäume bilden eine dicke Pfahlwurzel. Sie brauchen also einen tiefgründigen Boden.
- Die Pflanzung erfolgt so tief wie vorher in der Baumschule bzw. der Ballen muss bündig im Boden sitzen.
- Damit nichts wackelt, wird der Jungbaum an einem Pfahl angebunden.

Erziehung

- Veredelungen haben neben dem senkrechten Gipfel 3–4 Seitentriebe, die gleichmäßig angeordnet sein sollten.
- Damit sich ein gerader Gipfeltrieb entwickelt, werden Konkurrenztriebe weggeschnitten. Der Schnitt der Seitentriebe erfolgt an einem Außenauge, damit sich ein möglichst waagrechtes Astwerk bildet.

| Basics | Obst | Zierbäume | Ziersträucher | Formschnitt | Hecken | Kletterpflanzen | Rosen | Stauden |

OBSTGEHÖLZE **HASEL**

WAS
BRAUCHE ICH?

- Bewährte Sorten, die kleinere Sträucher bilden und große Nüsse tragen sind:
  - 'Hallesche Riesen'
  - 'Zellernuss'
  - 'Rotblättrige Lambertnuss'

WORAUF
MUSS ICH ACHTEN?

- Die Jungpflanzen sollten mehrtriebig und gut bewurzelt sein.
- Haselnüsse lassen sich mit Ziersträuchern z. B. in einer Hecke einsetzen.
- Haselsträucher können breite, hohe Büsche bilden.
- Sie brauchen ausreichend Platz in alle Richtungen, damit sie sich gut entfalten können.
- Der Boden sollte nicht zu trocken, humusreich und kalkhaltig sein.

Pflegeschnitt

- Haseln sind extrem schnittverträglich. Sie lassen sich sogar auf den Stock setzen, also bis zum Boden stutzen. Danach bilden sie wieder meterlange Triebe.
- Im Garten genügt es, die Sträucher regelmäßig auszulichten und einen Teil der Jungtriebe auszudünnen. Gelegentlich wird ein alter Ast bodennah entfernt.

KOSMOS SOFORTHELFER

Gute Haselnuss-Sorten sind durch Absenker vermehrbar. Dazu werden junge Triebe zu Boden gedrückt und mit Erde angehäufelt. Sie wurzeln dann fest und können anschließend umgepflanzt werden.

ZIERGEHÖLZE

DIE
17
SCHNELLSTEN
ANTWORTEN

ZIERGEHÖLZE

DIE STRUKTUR EINES JEDEN GARTENS WIRD VON GEHÖLZEN GEPRÄGT. DIE RICHTIGE AUSWAHL GEEIGNETER ARTEN UND SORTEN IST DAHER FÜR DIE ENTWICKLUNG EINES GARTENS ENTSCHEIDEND.

NATURNAHE KRONEN UND STRÄUCHER ERHALTEN

Die naturnahe Erziehung und Gestaltung darf bei freistehenden Zierbäumen nicht vernachlässigt werden. Das Auslichten zu dichter Kronen erhält sie gesund und wüchsig. Durch die kleinen, aber regelmäßigen Eingriffe ins Geäst wird verhindert, dass sich störende oder ungünstig platzierte Triebe zu dicken Zweigen auswachsen können, die dann den natürlichen Habitus stören.

SCHÖNE GESTALTEN FORMEN

Anders als naturnahe Kronen und Büsche müssen Kugel-, Kegel- oder Kastenformen regelmäßig geschnitten werden, damit sie die gewünschte Gestalt beibehalten. Sowohl frei stehende Figuren als auch Formschnitthecken müssen von Anfang an geschnitten und erzogen werden. Kugelbäume wie Kugel-Robinie, Kugel-Ahorn oder Zwerg-Trompetenbaum bleiben von Natur aus kompakt, bleiben aber durch Schnitt noch dichter.

ÜPPIGEN BLÜTENFLOR FÖRDERN

Viele Ziergehölze blühen schöner, wenn sie regelmäßig und richtig geschnitten werden. Das gilt vor allem für Ziersträucher, aber auch für andere Blühgehölze, die wegen ihren Blüten im Garten gepflanzt werden.

ZIERGEHÖLZE **PFLANZUNG**

WAS
BRAUCHE ICH?

- Spaten
- Schaufel
- Pfahl
- Bindestrick

WORAUF
MUSS ICH ACHTEN?

- Schon bei der Auswahl und beim Kauf eines Baumes ist die Kronenform festgelegt.
- Ein hochstämmiger Baum lässt sich nicht mehr zu einem Baum mit niedrigerer Krone umgestalten – es sei denn, durch einen radikalen Rückschnitt.
- Das Wuchsverhalten kann nur begrenzt durch den Schnitt beeinflusst werden: Eine Säulen-Kirsche bleibt ihr Leben lang ein säulenförmiger Baum.
- Der Pflanzschnitt trägt dazu bei, die ausgewählte Kronenform weiter auszubauen.

Wurzelnackte Pflanzen

- Bäume mit losen Wurzeln, sogenannte wurzelnackte Pflanzen, werden in der Baumschule ausgestochen und von der anhaftenden Erde befreit. Das erleichtert den Transport.
- Allerdings erschwert es den Bäumen das Anwachsen, weil wichtige Faserwurzeln beschädigt wurden.
- Wurzelnackte Bäume brauchen daher einen starken Rückschnitt. Die Triebe werden etwa um die Hälfte eingekürzt.
- Beschädigte und zu lange Wurzeln werden vor der Pflanzung abgeschnitten.

> **KOSMOS**
> **SOFORTHELFER**
>
> Wurzelnackte Pflanzen und Ballenpflanzen lassen sich nur im Frühjahr und im Herbst umsetzen bzw. in den Garten pflanzen. Containerpflanzen sind auch im Sommer erhältlich und können jederzeit (außer bei Frost) verpflanzt werden.

Ballenpflanzen

- Großgehölze, Solitäre und Nadelbäume werden nur mit Erdballen umgepflanzt. Das Verschulen erfolgt in Turnus von wenigen Jahren. Dadurch bilden sich keine Pfahl- oder Ankerwurzeln, sondern viele Faserwurzeln.
- <u>Ballenpflanzen wachsen leichter an</u> und brauchen keinen starken Pflanzschnitt.

Containerpflanzen

- <u>Am besten wachsen Containerpflanzen an.</u> Bei diesen Bäumen in schwarzen Kunststoffkübeln bleibt das Wurzelwerk vollständig erhalten. Sie wachsen nach dem Einpflanzen ungehindert weiter.
- Beim Pflanzschnitt sind wie bei Ballenpflanzen nur Korrekturen der Kronenzweige nötig.

ZIERGEHÖLZE GRUNDLAGEN DES SCHNITTS

WORAUF
MUSS ICH ACHTEN?

- Erhalten Sie die typische Wuchsform.
- Fördern sie eine art-typische, naturnahe Korne
- Schneiden Sie nie willkürlich und „um des Schneidens willen".
- Immer auf Astring schneiden!

Blutende Wunden

- Bei Ahorn, Birke und Kirschen „bluten" die Schnittwunden besonders stark. Sie sollten deshalb nur im Spätwinter geschnitten werden, bevor der Saftfluss einsetzt.
- Blutende Wunden sind nicht dramatisch, solange die Wurzeln ausreichend Wasser saugen können.

Zier-Ahorne und andere

- Bäume mit malerischem Wuchs brauchen normalerweise keinen Schnitt.
- Das gilt für den Fächer-Ahorn, für Felsenbirnen oder Magnolien. Sie sollten keinesfalls durch einen falschen Schnitt verstümmelt werden. Das Abtrennen einzeln störender Zweigen können sie aber durchaus verkraften.

| Basics | Obst | Zierbäume | Ziersträucher | Formschnitt | Hecken | Kletterpflanzen | Rosen | Stauden |

KOSMOS SOFORTHELFER

Die Veredelungsstellen befinden sich je nach Veredelungshöhe entweder am Wurzelhals oder am Stamm in Kronenhöhe und sind an einer deutlich sichtbaren Verdickung zu erkennen.

Rhododendron und Immergrüne

- Immergrüne Arten <u>bleiben weitgehend vom Schnitt verschont</u> – außer Hecken und Formgehölze. Das gilt für Laub- und Nadelgehölze gleichermaßen.
- Rhododendren bleiben auch ohne Schnitt gut in Form. Das Abschneiden störender Zweige vertragen sie am besten im Winter in der Saftruhe.

Veredelungsstelle beachten

- Selbstverständlich darf <u>nicht unterhalb der Veredelungsstelle</u> geschnitten werden.
- <u>Wildtriebe</u>, die unterhalb der Veredelungsstelle erscheinen, müssen <u>sofort entfernt</u> werden.

ZIERGEHÖLZE PFLANZ- & ERZIEHUNGSSCHNITT

WAS
BRAUCHE ICH?

- Astschere
- Säge

WORAUF
MUSS ICH ACHTEN?

- Wildgehölze brauchen ausreichenden Platz.
- Für Gärten gibt es kleinkronige Sorten wie die Säulen-Hainbuche, Säulen-Eiche, Kugel-Ahorn u. a.
- Der Baum sollte bereits die gewünschte Stammhöhe und gut verteilte Triebe haben.

Erziehungsschnitt

- <u>Nach innen</u> in die Krone wachsende Triebe werden entfernt.
- Damit sich eine pyramidale Krone entwickelt, bleibt ein <u>senkrechter Mittelleittrieb</u> erhalten.

- Beim Erziehungsschnitt werden die Seitentriebe jeweils auf ein <u>Außenauge</u> abgelenkt.

| Basics | Obst | Zierbäume | Ziersträucher | Formschnitt | Hecken | Kletterpflanzen | Rosen | Stauden |

Kugelformen

- Kugelformen werden auf Stammunterlagen veredelt.
- Ein Kugel-Ahorn mit nur beispielsweise 120 cm Stammhöhe lässt sich nicht mehr zu einem Hochstamm umerziehen.
- Die Erziehungsform ist damit schon beim Pflanzenkauf festgelegt.

Hängeformen

- Bei Hängeformen muss der Gipfeltrieb gestäbt werden, bis sie die gewünschte Höhe erreicht haben.
- Wildtriebe aus der Veredelungsunterlage sind unverzüglich zu entfernen.

ZIERGEHÖLZE **ERHALTUNGSSCHNITT**

WAS
BRAUCHE ICH?

- Astschere
- Säge
- Leiter

WORAUF
MUSS ICH ACHTEN?

- Der senkrechte Mittelleittrieb soll sich nach oben weiter entwickeln.
- Falls nötig muss ein krummer Gipfeltrieb gestäbt werden.
- Konkurrenztriebe entfernen.
- Nach innen wachsende, überkreuzende und andere störende Triebe wegschneiden.

Wildtriebe

- Wildtriebe, die unterhalb der Veredelungsstelle erscheinen, werden rechtzeitig und regelmäßig entfernt.
- Ließe man sie wachsen, würden sie mit der Zeit die Ziersorte überwachsen.

Wasserschosse

- Auch bei Ziergehölzen bilden sich Wasserschosse, wenn zu stark geschnitten wird. Sie werden entfernt.
- Auch ins Kroneninnere und sonstige störende Zweige werden herausgeschnitten.

| Basics | Obst | Zierbäume | Ziersträucher | Formschnitt | Hecken | Kletterpflanzen | Rosen | Stauden |

Zu tiefe Pflanzung

- Wurde zu tief gepflanzt, oder werden Wildtriebe nur über dem Boden und nicht am Stamm abgeschnitten, bilden sie ein dichtes Gestrüpp.
- Tragen Sie die oberste Erdschicht ab und entfernen sie die Wildtriebe bis zum Ansatz am Wurzelhals.

Kugelkronen

- Lichten Sie Kugelkronen regelmäßig aus.
- So bleibt die Krone jung und vital und es besteht keine Gefahr, dass alte, dicke Äste ausbrechen.

ZIERGEHÖLZE # VERJÜNGUNGSSCHNITT

WAS
BRAUCHE ICH?

- Astschere
- Säge
- Leiter

WORAUF
MUSS ICH ACHTEN?

- Bäume, die vernachlässigt wurden, aber erhalten werden sollen, lassen sich durch einen Verjüngungsschnitt wieder in Form bringen.
- Ein derart starker Eingriff muss gut überlegt werden.
- Bei wertvollen Arten sollte ein Fachbetrieb mit dem Schnitt beauftragt werden, vor allem wenn in hohe Kronen mit morschem Geäst geklettert werden muss.
- Das Absägen dicker Äste erfolgt stückweise, um Beschädigungen gesunder Zweige zu vermeiden.

Kranke Triebe ausschneiden

- Wenn ganze Zweige krank oder abgestorben sind, hilft kein Rückschnitt mehr.
- Sie müssen vollständig aus der Krone genommen werden.

Zwisteln entfernen

- Steile Konkurrenztriebe zum Mittelleittrieb, die sich zu dicken Ästen ausgewachsen haben, werden entfernt.

Störende Äste herausschneiden

- Im Zuge des Verjüngungsschnitts werden alle störenden Zweige entfernt.
- Dies sind alte, steile Zweige sowie junge Triebe, die für den Kronenaufbau nicht gebraucht werden.
- Nach innen wachsende, überkreuzende und zu eng stehende Triebe werden ebenfalls entfernt.

Ergebnis

- Nach einem Verjüngungsschnitt ist die Krone wieder licht und durchlässig.
- Je stärker der Rückschnitt, desto kräftiger der Austrieb.
- In den Folgejahren ist daher die regelmäßige Nachbehandlung nicht zu vernachlässigen.

KOSMOS SOFORTHELFER

Einen Verjüngungsschnitt vertragen sommergrüne Laubbäume am besten in der Saftruhe im Winter. Dürres, totes Holz kann selbstverständlich auch im Sommer ausgeschnitten werden. Bei belaubten Bäumen ist es im Sommer dann ohnehin besser erkennbar.

ZIERGEHÖLZE NADELGEHÖLZE

WORAUF
MUSS ICH ACHTEN?

- Koniferen sind durchaus schnittverträglich, das gilt besonders für Eiben, Wacholder und Scheinzypresse.
- Auch Fichte, Thuja und Lärche lassen sich bei richtiger Erziehung in strenge Heckenformen ziehen.
- Solitäre sollten möglichst wenig geschnitten werden.
- Stark wachsende Wildarten eignen sich nicht für den Garten.
- Kleinwüchsige Sorten und Cultivare sind besser geeignet.

Stamm aufputzen

- Wenn ein stark wachsender Nadelbaum gepflanzt wurde, ist es besser den Stamm aufzuasten, als den Gipfel zu stutzen.
- Dazu werden die Äste bis zu einer bestimmten Höhe am Stamm abgesägt, z. B. wenn der Baum die Fenster im Erdgeschoss verschattet.

Zapfen stehen lassen

- Anders als bei Laubgehölzen, bei denen die Äste direkt am Stamm abgeschnitten werden, sollte bei Koniferen zunächst ein kurzer Stummel stehen bleiben. Andernfalls harzen die Schnittwunden zu stark.
- Erst nach dem Eintrocknen erfolgt dann der Schnitt direkt an der Austriebstelle.

| Basics | Obst | Zierbäume | Ziersträucher | Formschnitt | Hecken | Kletterpflanzen | Rosen | Stauden |

KOSMOS
SOFORTHELFER

Die meisten Nadelgehölze können sich aus dem alten Holz nicht verjüngen. Nach einem Schnitt ins alte Holz bleiben Kahlstellen, die nicht mehr zuwachsen. Nur Eiben können radikal zurückgeschnitten werden und treiben dann wieder aus. Alle anderen Nadelbäume gehen nach einem radikalen Rückschnitt ein, da sie im alten Holz keine ruhenden Knospen haben.

Doppelten Gipfel entfernen
- Wenn ein Nadelbaum geköpft wird, bilden sich mehrere neue Gipfeltriebe. Das Köpfen ist nicht empfehlenswert, weil es den Baum verstümmelt.
- Manchmal bilden sich auch ohne Rückschnitt mehrere Gipfeltriebe. Dann werden die Konkurrenztriebe entfernt. Nur der kräftigste Gipfeltrieb bleibt stehen.

Schnitt mit Heckenschere
- Eine Heckenschere kommt nur beim Formschnitt von Nadelgehölzhecken zum Einsatz.
- Damit lassen sich auch Säulenformen wie Scheinzypressen, Thujen oder Säulenwacholder schlanker gestalten, wenn sie zu breit-buschig wachsen. Allerdings dürfen nur die jungen Triebe eingekürzt werden.

ZIERGEHÖLZE

BÄUME FÄLLEN

WAS
BRAUCHE ICH?

- Unterstützung vom Fachmann
- Leiter
- Hebebühne
- Säge
- Schutzkleidung

WORAUF
MUSS ICH ACHTEN?

- Bäume prägen die Struktur eines Gartens. Sie sollten also von vornherein so gepflanzt werden, dass sie auf Dauer nicht stören.
- Zum Bäumefällen sollte immer ein Fachmann hinzugezogen werden.
- Die Gefahr von Verletzungen oder Schäden durch herabfallende Äste oder Stammstücke ist groß.
- Das Fällen eines Baumes direkt am Wurzelstock ist nur dann machbar, wenn keine Gebäude oder anderen Pflanzen dadurch gefährdet sind.
- Bei allen Arbeiten mit der nötigen Schutzkleidung sind die Sicherheitsvorschriften zu beachten (u. a. Absicherung des Arbeitsfeldes, Durchgang sperren etc.).

Stückweises Fällen von oben

- Wenn ein Umsägen nicht möglich ist, muss der Baum stückweise von oben her zerteilt werden.
- Wenn es keinen Zufahrtsweg in den Garten gibt, muss der Baum von einem Baumkletterer gefällt werden.

- Zum Klettern in die Krone dienen kurze Aststummel, die nach dem Absägen der Seitenäste erhalten bleiben.

| Basics | Obst | Zierbäume | Ziersträucher | Formschnitt | Hecken | Kletterpflanzen | Rosen | Stauden |

Auf den Stock setzen

- Erst wenn nur noch ein kurzer Stamm vorhanden ist, kann der Baum am Wurzelansatz angesägt und gefällt werden.

- Einige Gehölze sind so schnittverträglich, dass sie sogar einen radikalen Rückschnitt bis auf kurze Stummel verkraften. Sie treiben danach aus schlafenden Augen wieder kräftig aus und bringen lange Jahrestriebe hervor, die mehrere Meter lang sein können.

- Besonders schnittverträglich sind u. a. Weiden, Haseln, Hainbuchen und Liguster, aber auch Linden, Eichen und Ess-Kastanien können auf Stock gesetzt werden.

ZIERSTRÄUCHER

DIE
10
SCHNELLSTEN
ANTWORTEN

ZIERSTRÄUCHER

FORSYTHIEN, FLIEDER, FÜNFFINGERSTRÄUCHER UND VIELE ANDERE ZIER-STRÄUCHER FINDET MAN IN FAST JEDEM GARTEN. SIE BRAUCHEN JE NACH ART DEN RICHTIGEN SCHNITT, DAMIT SIE REGELMÄSSIG UND ÜPPIG BLÜHEN.

NATÜRLICHEN WUCHS FÖRDERN

Wenn sich aus den Jungpflanzen kräftige Büsche gebildet haben, ist in der Regel nur noch ein gelegentlicher Auslichtungsschnitt alle 3–4 Jahre nötig, um sie in Form zu erhalten und die Blühfähigkeit zu fördern.

WUCHSFORMEN BEACHEN

Man unterscheidet zwei verschiedene Strauch-Typen. Die einen bilden viele Triebe aus der Basis und entwickeln ein sehr dichtes Strauchwerk. Die anderen entfalten von Natur aus ein lockeres Geäst.
Zu den buschigen Typen gehören Sommerjasmin, Kolkwitzie, Flieder, Spiersträucher u. a.. Bei diesen Arten ist es nötig, regelmäßig auszulichten, damit sie nicht zu dichte Büsche bilden. In der Regel genügt es einige Triebe direkt am Boden auszuschneiden.
Locker wachsende Sträucher wie Felsenbirne, Fächer-Ahorn, Magnolie, Blumen-Hartriegel, Duft-Schneeball, Zaubernuss u. a. werden normalerweise nicht geschnitten. Durch einen falschen Schnitt verlieren sie ihren malerischen Wuchs und bilden unschöne, besenartige Büsche. Falls nötig werden bei diesen Arten nur wirklich störende Zweige entfernt.
Manche, wie Ranunkelstrauch und etliche Hartriegel-Arten, bilden Wurzelausläufer. Bei diesen Arten sollten die Ausläufer mit dem Spaten ausgegraben werden, weil der Rückschnitt nur einen noch buschigeren Wuchs bewirken würde.

AUF DEN ZEITPUNKT KOMMT ES AN

Der Schnitt richtet sich vor allem nach der Blütezeit. Frühblüher wie Forsythie, Zier-Johannisbeere oder die Zierquitte dürfen nicht im Winter geschnitten werden. Wer dennoch schneidet, entfernt die bereits für den Frühjahr vorgebildeten Blütenknospen! Diese Arten werden erst nach ihrer Blütezeit im April oder Mai geschnitten. Es genügt dabei, einige alte Zweige direkt in Bodennähe zu entfernen. Danach bilden sich während des Sommers wieder junge Blütentriebe für das nächste Jahr.
Typische Sommerblüher wie Schmetterlingsstrauch (Sommerflieder), Fünffingerstrauch oder Spiersträucher werden im Winter geschnitten. Sie nehmen einen starken Rückschnitt ohne Schaden hin und bilden danach bis zum Sommer wieder gesunde kräftige Blütentriebe hervor.

ZIERSTRÄUCHER **PFLANZSCHNITT**

WAS
BRAUCHE ICH?

- Jungpflanzen aus dem Gartencenter oder einer Gärtnerei.
- Astschere
- Spaten

WORAUF
MUSS ICH ACHTEN?

- Große Exemplare werden als Containerpflanzen angeboten.
- Sie sind jedoch teurer als kleinere Jungpflanzen.

Wurzelnackte Sträucher

- Sie brauchen einen starken Pflanzschnitt, weil die wenigen Faserwurzeln die Triebe sonst nicht versorgen können. In der Regel werden sie um die Hälfte eingekürzt.
- Durch den Rückschnitt wachsen sie dann leichter an und bilden kräftige Neutriebe. Wurzelnackte Sträucher sind nur im Frühjahr und im Herbst erhältlich.

Ballenpflanzen

- Bei Ballenpflanzen bleiben die meisten Faserwurzeln intakt. Sie müssen beim Pflanzen nicht zurückgeschnitten werden.
- Wenn der Erdballen in ein Jutetuch eingepackt ist, verrottet dieses mit der Zeit im Boden. Bei nicht verrottendem Gewebe muss das Ballentuch nach der Pflanzung am Wurzelhals aufgeknotet werden.

| Basics | Obst | Zierbäume | Ziersträucher | Formschnitt | Hecken | Kletterpflanzen | Rosen | Stauden |

KOSMOS
SOFORTHELFER

Sträucher kommen so tief wie vorher in der Baumschule in den Boden. Maßgebend ist der Wurzelhals, das ist die Übergangsstelle vom Wurzlwerk zum Zweigwerk. Nach dem Einfüttern der Aushuberde muss diese festgetreten werden. Anschließend erfolgt das Einschlämmen mit Wasser. Dabei werden alle noch vorhandenen Hohlräume mit Erde ausgefüllt.

Containerpflanzen

- Sträucher in Kunststoffkübeln brauchen keinen Pflanzschnitt, weil die Wurzeln nach dem Austopfen und Umpflanzen völlig intakt sind.
- Der Schnitt ist nur zur Formgebung nötig, etwa um zu lange oder abweisende Triebe zurückzuschneiden.

ZIERSTRÄUCHER: SCHNITTZEITPUNKT

WAS BRAUCHE ICH?

- Astschere
- Leiter
- Säge

WORAUF MUSS ICH ACHTEN?

- Beachten Sie die natürliche Wuchsform und die Wuchsiegenschaften.
- Nicht willkürlich schneiden.
- Arten, die von Natur aus locker malerisch wachsen wie Magnolien und Fächer-Ahorn, werden kaum geschnitten.
- Dichte Büsche wie Forsythie und Weigelien können kräftig geschnitten werden.

Blüte am Vorjahrestrieb

- Sträucher, die am vorjährigen Holz blühen, also ihre Blütenknospen während der Wachstumsphase im Sommer bilden, dürfen nicht im Winter oder zeitigen Frühjahr geschnitten werden.
- Forsythien, Zier-Johannisbeeren und Zierquitten werden daher, wenn nötig, erst nach der Blütezeit geschnitten.

Blüte am diesjährigen Trieb

- Sträucher, die an einjährigen Trieben blühen, werden im zeitigen Frühjahr vor Beginn des Austriebs geschnitten. Dazu gehören u. a. Sommerflieder und im Sommer blühende Spiereen.
- Sie können auch im Spätwinter stark zurückgeschnitten werden und entwickeln dann wieder kräftige Blütentriebe.

| Basics | Obst | Zierbäume | Ziersträucher | Formschnitt | Hecken | Kletterpflanzen | Rosen | Stauden |

KOSMOS SOFORTHELFER

Sträucher, die nach der Blüte einen Fruchtschmuck ansetzen, dürfen nicht nach der Blüte geschnitten werden. Sonst gehen mit den Blüten auch die Fruchttriebe verloren. Das gilt etwa für Wildrosen, Kornelkirschen oder Liguster. Diese werden im Winter nur ausgelichtet.

Sommerschnitt

- Nach einem Auslichtungsschnitt der Frühblüher oder einem Rückschnitt der Sommerblüher ist normalerweise kein Sommerschnitt nötig.
- Störende Triebe werden entfernt, Wildtriebe unterhalb der Veredelungsstelle gründlich ausgeschnitten oder besser noch, freigelegt und ausgerissen.

Schnittverletzungen an großen Blättern

- Sträucher mit großen Blättern werden nicht mit der Heckenschere, sondern einer Astschere geschnitten.
- Triebe mit verletzten Blättern werden bis auf ein gesundes Blatt zurückgeschnitten.

ZIERSTRÄUCHER **GRUNDLAGEN DES SCHNITTS**

WAS
BRAUCHE ICH?

- Astschere
- Leiter
- Säge

WORAUF
MUSS ICH ACHTEN?

- Sträucher bilden anders als Bäume keinen senkrechten Mitteleittrieb.
- Sie sollen vom Boden aus gut und gleichmäßig verzweigt sein.
- Die Verzweigung wird bereits beim Pflanzschnitt durch das Einkürzen der Triebe gefördert.
- Die Erziehung zielt darauf hin, dieses Zweigwerk weiter auszubauen und zu erweitern.

Großsträucher

- Großsträucher wie Flieder oder Pagoden-Hartriegel brauchen ein Gerüst aus gut angeordneten und gleichmäßig verteilten Ästen.
- Das Hauptastwerk bleibt erhalten und wird weiter ausgebaut. Alle störenden, nach innen wachsenden, überkreuzten und steilen Triebe werden entfernt.

Dichte Sträucher

- Sträucher, die von Natur aus dichte Büsche bilden, werden ab der Pflanzung so geschnitten, dass sie nicht zu dicht werden.
- Der Erziehungsschnitt ist bei diesen Arten also ein Auslichtungsschnitt.
- Zu diesen Sträuchern gehören Forsythien, Weigelien und Zier-Johannisbeeren.

| Basics | Obst | Zierbäume | Ziersträucher | Formschnitt | Hecken | Kletterpflanzen | Rosen | Stauden |

KOSMOS SOFORTHELFER

Genau wie Sommerflieder, Bartblumen und andere Halbsträucher erhalten Sträucher, die im Sommer an jungen Trieben blühen, im Frühjahr einen kräftigen Rückschnitt. Das gilt für Fünffingerstrauch, im Sommer blühende Spiersträucher, Besenheide u. a.

Bodendecker

- Kleine Sträucher wie kriechende Felsenmispeln, immergrüne Heckenkirschen, Zwergberberitzen u. a. brauchen <u>keinen Erziehungsschnitt</u>.
- Sie sollen möglichst ungehindert wachsen und breite, dichte Büsche bilden.

Halbsträucher

- Halbsträucher wie Lavendel, Bartblumen, Salbei u. a. frieren immer wieder mehr oder weniger stark zurück.
- Sie werden, falls nötig, <u>nach dem Winter bis ins gesunde Holz</u> zurückgeschnitten.
- Bei Lavendel darf nicht zu stark geschnitten werden, da er aus dem alten Holz schlecht austreibt.

ZIERSTRÄUCHER — ERHALTUNGSSCHNITT

WAS
BRAUCHE ICH?
- Astschere
- Leiter
- Säge

WORAUF
MUSS ICH ACHTEN?
- Die Erziehung in den ersten Jahren nach der Pflanzung prägt die Gestalt der Sträucher.
- Sie darf nicht vernachlässigt werden und sollte der natürlichen Wuchsform der jeweiligen Gehölz-Art entsprechen.
- Sobald das Ast-Gerüst aufgebaut ist, muss es nur noch erhalten und gepflegt werden.

Großsträucher
- Es genügt, störende Jungtriebe zu entfernen. Das Hauptastwerk wird nicht geschnitten.
- Falls ein alter Ast stört oder beschädigt wurde, muss dieser direkt an der Austriebstelle abgesägt oder auf einen Seitenzweig abgelenkt werden.

Dichte Sträucher
- Forsythien, Weigelien, Zier-Johannisbeeren und andere buschige Sträucher bleiben nur vital und blühfähig, wenn sie gelegentlich ausgelichtet werden.
- Das geschieht alle 3–4 Jahre. Dabei werden einige alte Äste direkt am Boden abgetrennt, damit sich junge Triebe besser entwickeln können.

| Basics | Obst | Zierbäume | Ziersträucher | Formschnitt | Hecken | Kletterpflanzen | Rosen | Stauden |

KOSMOS SOFORTHELFER

Anders als beim Sommerflieder dürfen bei Forsythien, Zier-Johannisbeeren oder Weigelien nicht die Triebspitzen eingekürzt werden. Sie verlieren sonst ihre natürliche lockere Wuchsform und sehen aus wie gestutzte Besen.

Bodendecker

- Kriechende Felsenmispeln, Immergrüne Heckenkirschen, Zwerg-Berberitzen und andere Bodendecker <u>brauchen normalerweise keinen Erhaltungsschnitt</u>.
- Sie verkraften aber den Rückschnitt im Spätwinter, wenn sie sich zu üppig ausbreiten oder auch wenn sie zurückgefroren sind.

Halbsträucher

- Halbsträucher wie Sommerflieder, Bartblumen, Blaurauten u. a. müssen nach einem strengen Winter <u>bis ins gesunde Holz</u> zurückgeschnitten werden.
- Das sollte erst erfolgen, wenn die Frostschäden deutlich sichtbar werden. Sonst sind nur das Ausschneiden der dürren Triebspitzen und das Ausputzen der Samenstände nötig.

ZIERSTRÄUCHER # VERJÜNGUNGSSCHNITT

WAS
BRAUCHE ICH?

- Astschere
- Säge

WORAUF
MUSS ICH ACHTEN?

- Sträucher, die nicht regelmäßig geschnitten wurden, entwickeln sich mit der Zeit zu dichten Büschen mit vielen dürren Zweigen im Inneren.
- Außerdem bilden sich einige lange Triebe, die überhängend wachsen.
- Man bezeichnet sie dann als verkahlt und überbaut.
- Die Blühfähigkeit lässt nach – daher müssen diese Sträucher stark zurückzuschneiden und zur Verjüngung anzuregen. Diesen starken Eingriff verkraften die meisten Arten vorzugsweise in der Saftruhe im Winter.

Totholz ausschneiden

- Zunächst ist das dürre Holz an der Reihe. Es ist an der rissigen Rinde erkennbar. Vorsicht bei Sträuchern, deren Rinde sich von Natur aus ablöst wie bei Kolkwitzien.
- Ob ein Zweig noch grün ist, lässt sich beim Einritzen der Rinde mit einem Messer oder Fingernagel sehen.

Altes Holz ausschneiden

- Um die ursprüngliche Gestalt wieder herzustellen, müssen einige zu eng stehende, alte Zweige entfernt werden.
- Nicht benötigte Äste werden am Boden abgeschnitten. Durch einen stückweisen Rückschnitt starker Zweige werden Beschädigungen des erhaltenswerten Astwerks vermieden.

| Basics | Obst | Zierbäume | Ziersträucher | Formschnitt | Hecken | Kletterpflanzen | Rosen | Stauden |

KOSMOS
SOFORTHELFER

Einige Gehölze, besonders Halbsträucher wie der Lavendel oder der Salbei verkraften einen Schnitt ins alte Holz schlecht. Sie verjüngen sich oft nicht mehr oder sie bringen nur noch spärliche Triebe hervor, die nicht blühfähig sind.
Wenn sie durch Frost stark geschädigt wurden, lohnt sich ein Rückschnitt oft nicht. Pflanzen Sie stattdessen neue Exemplare.

Nach innen wachsende Triebe ausschneiden

- Für die Verjüngung werden neben den alten Zweigen auch einige günstig angeordnete gesunde Jungtriebe benötigt.
- Sie sollen sich mit den Jahren kräftigen und mit den alten Zweigen den Strauch bilden.

Ergebnis

- Nach dem starken Eingriff ins Zweigwerk zeigt sich der Strauch wieder licht und locker. Infolge des starken Rückschnitts wird er in der folgenden Saison stark austreiben. Das erste Wachstum geht in der Regel auf Kosten der Blütenbildung. In den nächsten Jahren blüht der Strauch aber wieder üppig.

FORMSCHNITT

DIE
8
SCHNELLSTEN
ANTWORTEN

FORMSCHNITT

VIELE GEHÖLZE LASSEN SICH ZU KUGELN, KEGELN ODER ALS FIGUREN TRIMMEN. DAZU MÜSSEN SIE JEDOCH VON JUGEND AN IN FORM GEBRACHT UND IMMER WIEDER GESCHNITTEN WERDEN.
AUSSER BUCHSBÄUMCHEN UND LIGUSTER EIGNEN SICH AUCH NADELGEHÖLZE WIE EIBEN ODER SCHEINZYPRESSEN FÜR DEN FORMSCHNITT. SOLCHE GRÜNE KUGELN, KEGEL, PYRAMIDEN UND DERGLEICHEN PASSEN BESONDERS IN KLEINE GÄRTEN, WO SIE IN SOMMERBLUMENBEETEN AKZENTE SETZEN.

FORMSCHNITT BEDEUTET ERZIEHUNG

Diese strenge Erziehung widerspricht dem natürlichen Wuchs natürlich. Daher muss immer und immer wieder und vor allem regelmäßig geschnitten werden.
Kleinblättrige Arten eignen sich besser als großblättrige, da sie sich leicht mit der Heckenschere geschnitten werden können. Bei großblättrigen ist ein Schnitt mit der Astschere nötig, um Verletzungen der Blätter zu vermeiden.

REGELMÄSSIGE PFLEGE

Die lebenden „Topiari-Figuren" brauchen permanente Aufmerksamtkeit. Bevor Sie sich für eine strenge Erziehung einiger ausgewählter Bäumchen entscheiden, sollten Sie die gewünschten Formen festlegen. Nur dann kommen mit den Jahren strenge Konturen zustande. Vernachlässigte Exemplare verwildern mit der Zeit und nehmen nach und nach wieder ihren natürlichen Habitus an.

FORMSCHNITT SCHEREN

WAS
BRAUCHE ICH?

- Heckenschere
- Astschere
- Buchbaumschere (Schafschere)
- Schnur für gerade Linien

WORAUF
MUSS ICH ACHTEN?

- Der erste Schnitt erfolgt kurz nach dem Austrieb im Frühjahr.
- Je regelmäßiger geschnitten wird, desto dichter werden die Figuren.
- Entfernen Sie das Schnittgut, denn es sieht, wenn es auf der Figur eintrocknet, nicht besonders schön aus.
- Nur mit sauberem, scharfem Werkzeug schneiden.
- Desinfizieren Sie die Scheren, damit, besonders bei Buchs, keine Krankheiten von Pflanze zu Pflanze übertragen werden.

Schnitt mit Heckenschere

- Kantige und geometrische Formen wie Würfel, Quader und Kastenhecken lassen sich am besten mit einer Heckenschere schneiden.
- Bei langen Buchshecken geht die Arbeit schneller und leichter mit einer elektrischen Heckenschere.

| Basics | Obst | Zierbäume | Ziersträucher | Formschnitt | Hecken | Kletterpflanzen | Rosen | Stauden |

KOSMOS
SOFORTHELFER

Der Schnitt ist immer auch eine gute Gelegenheit, die Buchspflanzen auf Krankheiten und Schädlinge zu kontrollieren. So können Sie einen Befall mit dem gefürchteten Buchsbaumzünsler (kleine grün-schwarze Raupen) oder Pilzkrankheiten wie Volutella- und Cylindrocladium-Triebsterben (braune Triebspitzen) rechtzeitig erkennen und Abhilfe schaffen.

Schnitt mit einer Schafschere

- Schafscheren liegen gut in der Hand und erlauben einen sauberen Schnitt bei freien, runden und organischen Formen.

- Die Scherblätter sind sehr scharf. Achten Sie darauf, dass die Finger der Hand, die nicht schneidet, immer weit genug von der Schere weg ist.

FORMSCHNITT **FORMEN SCHNEIDEN**

WAS
BRAUCHE ICH?

- Heckenschere
- Astschere oder Blumenschere
- Buchbaumschere (Schafschere)
- Schnur für gerade Linien
- Maschendraht für Figuren

WORAUF
MUSS ICH ACHTEN?

- Der erste Schnitt erfolgt kurz nach dem Austrieb im Frühjahr.
- Bei geometrischen Formen erleichert eine Pappschablone das Formhalten.
- Nur mit sauberem, scharfem Werkzeug schneiden.
- Schneiden Sie nie am Stück, sondern kontrollieren Sie Ihr Werk regelmäßig. So vermeiden Sie, dass unregelmäßige Formen entstehen.

Kugelformen

- Runde und kugelige Formen werden nach Augenmaß oder einer Schablone geschnitten.
- Treten Sie immer wieder einen Schritt zurück und kontrollieren Sie das Ergebnis, damit die Form nicht unregelmäßig wird.

Einfassungshecken

- Eine gespannte Schnur erleichert die Schnittführung bei Einfassungshecken. Der Schnitt wird so akkurat und gerade – auch über lange Linien.

| Basics | Obst | Zierbäume | Ziersträucher | Formschnitt | Hecken | Kletterpflanzen | Rosen | Stauden |

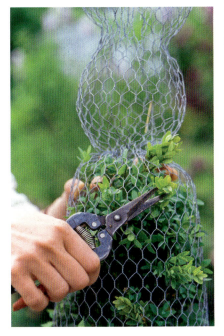

Fantasievolle Figuren

- Bei Tierfiguren oder frei gestalteten Büschen hilft eine <u>Gerüstform aus Maschendraht</u> beim Schnitt.
- Alle Triebe, die durch die Maschen wachsen, werden mit einer Blumenschere abgeschnitten, bis von der ursprünglichen Form nichts mehr zu sehen ist.

Pyramiden

- Eiben sind von allen Nadelgehölzarten <u>am besten</u> für den Formschnitt geeignet.
- Sie lassen sich zu dichten Pyramiden (und natürlich auch anderen Formen) schneiden.

HECKEN

DIE
17
SCHNELLSTEN
ANTWORTEN

HECKEN

WENN MAN GEHÖLZE IN REIHEN PFLANZT, ENTSTEHT – JE NACH ART, PFLANZ-ABSTAND UND SCHNITT – EINE MEHR ODER WENIGER DICHTE HECKE. LICHTE HECKEN WERDEN AUS STRÄUCHERN GEZOGEN, DIE IN AUSREICHENDEM ABSTAND GEPFLANZT WERDEN. DICHTE HECKEN ENTSTEHEN, WENN BÄUME ODER STRÄUCHER IN GERINGEM ANSTAND VONEINANDER IN EINER REIHE WACHSEN.

HECKENFORMEN

Wildstrauch- und Blütenhecken brauchen wenig Pflege, aber viel Platz. Sie sind dicht und abwechslungsreich, wenn sie aus verschiedenen Arten bestehen.

Formschnitthecken aus Berberitzen, Liguster oder Scheinzypressen lassen sich schmal wie Mauern halten. Sie brauchen jedoch mindestens einmal jährlich einen Schnitt - ausgenommen bei streng säulenförmigen Pflanzen wie etwa Säulen-Thujen.

Sowohl Wildstrauchhecken als auch Formschnitthecken sind ökologisch wertvoller als Mauern oder Zäune. Sie bieten Vögeln und Insekten Schutz, Nistplätze und Nahrung. Außerdem verbessern sie das Kleinklima im Garten und dienen als Sicht- und Windschutz.

Gut gepflegte Hecken können sehr alt werden. Es gibt ein umfangreiches Sortiment verschiedenster Gehölze, die sich für freiwachsende oder streng geschnittene Hecken eignen.

SCHNELL ZUR DICHTEN HECKE

Im Frühjahr und im Herbst ist die Pflanzung von wurzelnackten Heckenpflanzen möglich. Diese Jungpflanzen sind preisgünstig, brauchen aber einen Pflanzschnitt. Es dauert länger bis sie die gewünschte Höhe erreichen und zu einem dichten Pflanzstreifen zusammenwachsen.

Mit Ballenpflanzen, die ebenfalls im Frühjahr und im Herbst angeboten werden, bekommt man sofort eine dichte Hecke. Sie sind aber teurer. Containerpflanzen lassen sich auch im Sommer für die Heckenpflanzung nutzen.

HECKEN: PFLANZUNG & ERZIEHUNG

WAS
BRAUCHE ICH?

- Astschere
- Spaten
- Schnur
- Kompost

WORAUF
MUSS ICH ACHTEN?

- Eine gute Bodenverbereitung und die Versorgung mit Kompost und Wasser fördert das Anwachsen.
- Das gilt für wurzelnackte Pflanzen, für Ballenware und Containerpflanzen.

Pflanzschnitt

- Wurzelnackten Pflanzen müssen stark zurückgeschnitten werden. Sie sollten sie über Nacht in einen Bottich mit Wasser getaucht werden.
- Das Einkürzen der Triebe um die Hälfte erleichtert das Anwachsen wesentlich.
- Abgeknickte oder umgebogene Wurzeln werden eingekürzt.
- Die Pflanzgrube muss ausreichend breit und tief sein, damit das Wurzelwerk locker und tief genug im Boden sitzt.
- Alle Pflanzen werden durch Nachschneiden auf dieselbe Höhe gebracht.
- Nach dem Festtreten der Erde und dem Formen einer Gießmulde muss noch gut mit Wasser eingeschlämmt werden.

| Basics | Obst | Zierbäume | Ziersträucher | Formschnitt | Hecken | Kletterpflanzen | Rosen | Stauden |

KOSMOS SOFORTHELFER

Hainbuchen, Buchen, Feld-Ahorne u. a. Laubgehölze entwickeln von Natur aus im freien Stand große Bäume oder kräftige Büsche. Da sie in der Hecke meterlange Jahrestriebe bilden, müssen sie regelmäßig geschnitten werden.

Ballenpflanzen

- Bei Ballenpflanzen und Gehölzen im Container ist kein Pflanzschnitt nötig. Hier werden nur störende, abweisende oder zu lange Triebe eingekürzt.
- Kräftige Gipfeltriebe werden zurückgeschnitten, um deren Verzweigung zu fördern. Erziehungsschnitt.

Erziehungsschnitt

- Im ersten Jahr nach der Pflanzung ist normalerweise noch kein Rückschnitt nötig. Es dauert einige Zeit bis sie Wurzeln bilden und gut im Boden verankert sind.
- Im zweiten Jahr bilden sich schon recht kräftige Triebe. Dann ist der erste Rückschnitt fällig.

- Gewöhnlich genügt es, alle langen Triebe etwa um die Hälfte ihrer Länge einzukürzen. Schon jetzt ist auf einen konischen Wuchs zu achten. Die Hecke soll von Anfang an unten breiter sein als oben.

HECKEN HECKENFORMEN

WORAUF
MUSS ICH ACHTEN?

- Schnittverträgliche Heckenpflanzen lassen sich in beliebige Formen bringen.
- Die Hecke soll unten breiter sein und nach oben hin schmäler werden. Dadurch erhalten die Blätter an beiden Seiten genügend Sonnenlicht.
- Hohe Hecken in Kastenform verkahlen von unten.
- Die Schnittform richtet sich nach der Gehölzart und nach dem Standort.
- Bei schattenverträglichen Gehölzen wie Buchs, Buchen oder Eiben ist die konische Form nicht so zwingend wie bei Berberitzen, Weißdorn oder Forsythien.
- Das gilt auch, wenn die Hecke in Nord-Süd-Richtung angelegt ist. Dann erhält am Vormittag die Ostflanke genügend Sonnenlicht und am Nachmittag die Westseite.

Konische Heckenkrone

- Eine konische Wuchsform entsteht, wenn man die Heckenschere beim Schnitt leicht schräg hält. Eine Richtschnur erleichtert den geraden Schnitt.
- Die Schnittstellen vom Vorjahr geben die Schnitttiefe vor. Keinesfalls sollte ins alte Holz geschnitten werden. Es werden immer nur junge Triebe eingekürzt.

Quaderförmige Heckenkrone

- Hecken mit senkrechten Flanken dienen meist als Grundstücks- oder Beeteinfassungen.
- Damit rechtwinklige Quader zustande kommen, muss die Heckenschere exakt senkrecht geführt werden.

| Basics | Obst | Zierbäume | Ziersträucher | Formschnitt | Hecken | Kletterpflanzen | Rosen | Stauden |

KOSMOS SOFORTHELFER

Bereits bei der Pflanzung sind die ortsüblichen Grenzabstände einzuhalten. In der Regel gelten für Hecken bis 2 m Höhe 50 cm Abstand zur Nachbargrenze und bei höheren Hecken 2 m Grenzabstand. Erkundigen Sie sich bei ihrer örtlichen Baubehörde oder der Stadtverwaltung.

Runde Heckenkrone

- Sowohl Hecken mit konischer als auch mit senkrechten Flanken lassen sich oben abrunden.
- Eine runde Heckenkrone wirkt <u>weniger streng</u> als eine kantige Form.

Frei wachsende Hecken

- Blütenhecken, Wildstrauchhecken oder gemischte Hecken werden nur mit der Astschere ausgelichtet.
- Die Sträucher sollten sich <u>möglichst frei entfalten</u> und ihre natürlichen Wuchsformen annehmen.

SOMMERGRÜNE LAUBGEHÖLZE

Feld-Ahorn
(Acer campestre)

Wuchs
- Großer bis 20 m hoher Laubbaum; als Hecke dicht mit schöner Herbstfärbung.

Verwendung
- Für hohe sommergrüne Hecken zur Abschirmung an der Grundstücksgrenze.

Schnitt
- Regelmäßiger Schnitt im Spätwinter und im Sommer für strenge Formgebung.

Berberitze
(Berberis thunbergii)

Wuchs
- Dorniger bis 3 m hoher Strauch.

Verwendung
- Für niedrige dichte Hecken; Zwergformen (z. B. 'Atropurpurea Nana') nur bis 1 hoch wachsend für Einfassungshecken; auch immergrüne Arten (z. B. B. buxifolia 'Nana').

Schnitt
- Für strenge Formgebung ist ein regelmäßiger Sommerschnitt nötig. Zwergformen bleiben auch ohne Schnitt kompakt.

Hainbuche
(Carpinus betulus)

Wuchs
- Großer bis 20 m hoher Laubbaum; sehr schnittverträglich.

Verwendung
- Für hohe sommergrüne Hecken; behält das braune Laub im Winter.

Schnitt
- Regelmäßiger Schnitt im Spätwinter und im Sommer für strenge Formgebung.

| Basics | Obst | Zierbäume | Ziersträucher | Formschnitt | Hecken | Kletterpflanzen | Rosen | Stauden |

Weiß-Dorn
(Crataegus)

Wuchs
- Kleiner bis ca. 5 m hoher Laubbaum mit dornigen Zweigen.

Verwendung
- Für niedrige bis halbhohe sommergrüne dornige Hecken.

Schnitt
- Regelmäßiger Schnitt im Sommer für strenge Formgebung.

Buche
(Fagus sylvatica)

Wuchs
- Großer bis 20 m hoher Laubbaum; behält das braune Laub oft bis zum Austrieb im Frühjahr.

Verwendung
- Für hohe sommergrüne Hecken.

Schnitt
- Regelmäßiger Schnitt im Spätwinter und im Sommer für strenge Formgebung.

Liguster
(Ligustrum vulgare)

Wuchs
- Kleiner Strauch mit ca. 2–3 m Höhe mit kleinen wintergrünen Blättern.

Verwendung
- Für niedrige bis halbhohe Hecken; bleibt bei mildem Wetter im Winter grün.

Schnitt
- Regelmäßiger Schnitt im Sommer für strenge Formgebung; lässt sich besonders schmal halten.

HECKEN: IMMERGRÜNE LAUBGEHÖLZE

Buchsbaum
(Buxus sempervirens)

Wuchs
- Kleiner, immergrüne Laubbaum mit kleinen ledrigen Blättchen.

Verwendung
- Für kleine immergrüne Hecken und Einfassungen, sowie für Figuren.

Schnitt
- Regelmäßiger Schnitt im Sommer für strenge Formgebung mehrmals ab Ende Mai bis September.

Stechpalme
(Ilex-Arten)

Wuchs
- Kleine immergrüne Laubbäume; Ilex aquifolium mit großen Blättern, Ilex crenata mit kleinen buchsähnlichen Blättern.

Verwendung
- Für kleine immergrüne Hecken auch an absonnigen Plätzen; Ilex crenata auch für Figuren.

Schnitt
- Schnitt im Sommer für strenge Formgebung; bei Ilex crenata ab Ende Mai mehrmals bis September.

Geißblatt
(Lonicera nitida)

Wuchs
- Kleiner, immergrüner Strauch mit kleinen Blättchen.

Verwendung
- Für niedrige immergrüne Hecken und Einfassungen.

Schnitt
- Regelmäßiger Schnitt im Sommer für strenge Formgebung.

| Basics | Obst | Zierbäume | Ziersträucher | Formschnitt | Hecken | Kletterpflanzen | Rosen | Stauden |

Glanzmispel
(Photinia)

Wuchs
- Kleiner immergrüner Strauch mit großen immergrünen Blättern.

Verwendung
- Für niedrige bis halbhohe immergrüne Hecken.

Schnitt
- Regelmäßiger Schnitt im Sommer für strenge Formgebung; Rückschnitt der erfrorenen Blätter nach strengem Winter im Frühjahr.

Lorbeer-Kirsche
(Prunus laurocerasus)

Wuchs
- Kleiner oder großer immergrüner Strauch mit großen Blättern.

Verwendung
- Für niedrige bis hohe immergrüne Hecken, auch an absonnigen Plätzen; nicht ganz winterhart besonders auf ungeschützten vollsonnigen Standorten.

Schnitt
- Regelmäßiger Schnitt im Sommer für strenge Formgebung; verletzte Blätter nachschneiden. Ausschneiden erfrorener Triebe erst im Frühjahr.

Feuerdorn
(Pyracantha)

Wuchs
- Kleiner, lockerer Strauch mit wintergrünen Blättern (bleiben bei mildem Wetter erhalten); rahmweiße Blüten im Mai.

Verwendung
- Für niedrige bis halbhohe wintergrüne Hecken.

Schnitt
- Regelmäßiger Schnitt im Sommer für strenge Formgebung; Rückschnitt der Frostschäden erst im Frühjahr.

HECKEN: NADELGEHÖLZE

Säulen-Scheinzypresse
(Chamaecyparis 'Columnaris Glauca')

Wuchs
- Hoher, immergrüner Baum mit besonders schlankem Wuchs.

Verwendung
- Für hohe immergrüne Hecken.

Schnitt
- Braucht keinen Schnitt; nur regelmäßiger Schnitt im Sommer für strenge Formgebung.

Scheinzypressen
(Chamaecyparis-Sorten)

Wuchs
- Hohe breitkegelige immergrüner Bäume mit farbigen Nadeln (je nach Sorte).

Verwendung
- Für hohe immergrüne Hecken auch gemischte Pflanzung mehrere Sorten möglich.

Schnitt
- Regelmäßiger Schnitt im Sommer für strenge Formgebung.

Bastardzypresse
(Cupressocyparis x leylandii)

Wuchs
- Hoher immergrüner Baum mit breitkegeligem Wuchs; ist gelegentlich anfällig für Pilzerkrankung.

Verwendung
- Für hohe immergrüne Hecken.

Schnitt
- Regelmäßiger Schnitt im Sommer für strenge Formgebung; falls nötig Rückschnitt kranker brauner Triebe sofort.

| Basics | Obst | Zierbäume | Ziersträucher | Formschnitt | Hecken | Kletterpflanzen | Rosen | Stauden |

Eibe
(Taxus baccata)

Wuchs
- Breitbuschige, kegelige oder säulenförmige immergrüne Bäume je nach Sorte.

Verwendung
- Für niedrige, halbhohe oder hohe immergrüne Hecken; auch für absonnige Plätze.

Schnitt
- Säulenform braucht keinen Schnitt; sonst regelmäßiger Schnitt im Sommer für strenge Formgebung; einziger Nadelbaum, der auch aus dem alten Holz austreiben kann.

Lebensbaum
(Thuja occidentalis)

Wuchs
- Hoher immergrüner Baum mit schlankem ('Columna' und 'Smaragd') oder breitkegeligem Wuchs (Wildform und T. plicata).

Verwendung
- Für hohe, immergrüne Hecken.

Schnitt
- Säulenformen brauchen keinen Schnitt; sonst regelmäßiger Schnitt im Sommer für strenge Formgebung.

Serbische Fichte
(Picea omorika)

Wuchs
- Hoher, immergrüner Baum mit schlankem Wuchs.

Verwendung
- Für hohe immergrüne Hecken.

Schnitt
- Regelmäßiger Schnitt im Sommer für strenge Formgebung.

104 *HECKEN* VERJÜNGEN

WAS
BRAUCHE ICH?

- Astschere
- Säge
- Leiter

WORAUF
MUSS ICH ACHTEN?

- Buchen, Hainbuchen oder Liguster verkraften sogar einen starken Rückschnitt ins alte Holz.
- Ein radikaler Schnitt wird nötig, wenn eine alte Hecke jahrelang nicht regelmäßig geschnitten wurde.

Sommergrüne Laubhecke

- Ein Verjüngungsschnitt erfolgt grundsätzlich nur in der Saftruhe im Winter. Dann können auch alte Äste abgetrennt werden.
- Nach dem Rückschnitt bringen die Bäume in der Hecke aus schlafenden Augen wieder kräftige junge Triebe hervor.

Immergrüne Laubhecke

- Immergrüne Laubgehölze sind weniger schnittverträglich als sommergrüne.
- Bei Lorbeer-Krische, Stechpalmen u. a. dürfen nicht willkürlich alte Äste abgetrennt werden. Sie trocknen ein und treiben nicht mehr aus.

| Basics | Obst | Zierbäume | Ziersträucher | Formschnitt | Hecken | Kletterpflanzen | Rosen | Stauden |

KOSMOS SOFORTHELFER

Fichten sind durchaus schnittverträglich und lassen sich so auch für dichte immergrüne Nadelgehölzhecken nutzen. Allerdings müssen sie dann regelmäßig im Sommer getrimmt werden. Dabei sind immer nur die jungen Triebe bis auf kurze Stummel einzukürzen. Ein Rückschnitt ins alte Holz darf nicht erfolgen!

Nadelgehölz

- Nadelgehölze vertragen den Rückschnitt ins alte Holz nicht – mit Ausnahme der Eiben. Diese treiben selbst aus alten Stämmen wieder aus. Allerdings sollten noch einige grüne Zweige am Stamm sitzen. Das erleichtert den Austrieb, weil sie sozusagen als Zugzweige wirken und den Saftstrom erhalten.
- Beim vernachlässigten Thujen oder Scheinzypressen darf der Rückschnitt nicht ins als alte Holz erfolgen.
- Kahlstellen, die dabei entstehen, wachsen nicht mehr zu. Dagegen ist ein Rückschnitt in der Höhe durchaus machbar, wenn es wünschenswert ist eine alte Hecke niedriger zu gestalten.

KLETTERPFLANZEN

Kletterpflanzen werden je nach Art unterschiedlich geschnitten. Weinreben brauchen einen starken Rückschnitt, wenn gute Fruchterträge erwünscht sind. Dagegen soll das Blattwerk einer Weinlaube ein dichtes Schattendach bilden. Die Reben erhalten dazu keinen starken Rückschnitt, sondern werden nach oben gelenkt und zu einem Spalier erzogen.

GEHÖLZE, STAUDEN ODER EINJÄHRIGE?

Der Schnitt richtet sich nach dem Pflanzen-Typ. Hopfen muss als staudenartige Pflanze jedes Jahr im Frühjahr bis zum Boden zurückgeschnitten werden, weil die Triebe völlig abgestorben sind. Er bildet danach wieder frische Triebe aus dem Wurzelstock. Gehölzartigen Schlingern wie Geißblatt oder Blauregen schadet ein derartiger Rückschnitt.

NICHT SCHNEIDEN

Grundsätzlich vertragen alle Kletterpflanzen einen mehr oder weniger starken Schnitt. Viele brauchen ihn aber nicht. Das gilt etwa für die Jungfernrebe oder Efeu, die sich mit Haftwurzeln auf Mauern festhalten und sich dort ungehindert ausbreiten sollen.

GEBÄUDE SCHÜTZEN

Ein Rückschnitt kann nötig sein, wenn eine starkwüchsige Kletterpflanze wie Efeu unters Dach oder in Fensterrahmen wächst.

FRÜHBLÜHER ODER SOMMERBLÜHER

Beim Schnitt muss die Blütezeit beachtet werden. Kletterpflanzen, die ihre Blütenknospen schon im Vorjahr ausgebildet haben, dürfen natürlich nicht im Winter zurückgeschnitten werden. Der Blauregen gehört zum Beispiel dazu und frühblühende Clematis-Arten. Dagegen lässt sich die Trompetenblume im Winter bis auf kurze Stummel stutzen. Sie blüht dann im kommenden Sommer wieder an den neuen meterlange Trieben.

KLETTERPFLANZEN **CLEMATIS**

WAS
BRAUCHE ICH?

- Astschere
- Bindeschnur (evtl.)
- Zur Pflanzung: Spaten, Kompost

WORAUF
MUSS ICH ACHTEN?

- Alle Clematis klettern mit Sprossranken an den Blättern.
- Alle Clematis brauchen eine Kletterhilfe.
- Wildarten klettern 10 m oder mehr in die Höhe.
- Großblumige Hybriden werden meist nur 3–5 m hoch.

Pflanzung

- Waldreben brauchen <u>lockeren, humosen Boden</u>, der nicht staunass werden darf. In schweren Lehmböden können sie ihr flaches fleischiges Wurzelwerk nicht entwickeln.
- Der Boden muss mit reichlich Kompost vorbereitet werden.

Schnittgruppe 1

- Die <u>frühblühenden Wild-Arten und Züchtungen</u> wie Clematis alpina und Clematis montana 'Rubens' dürfen im Winter nicht geschnitten werden, weil sonst bereits ausgebildete Blütenknospen entfernt würden.

| Basics | Obst | Zierbäume | Ziersträucher | Formschnitt | Hecken | Kletterpflanzen | Rosen | Stauden |

Schnittgruppe 2

- Viele großblütige Züchtungen blühen zweimal im Jahr. Sie entfalten ihre Blüten an vorjährigen Trieben im Frühjahr und ein zweites Mal im Spätsommer an den jungen Trieben.
- Diese Sorten werden nur maßvoll ausgelichtet.

Schnittgruppe 3

- Sommerblühende Clematis werden im Spätwinter kräftig zurückgeschnitten.
- Sie bilden dann bis zur Blütezeit am Mai/Juni wieder kräftige Triebe mit Knospen hervor.

KOSMOS
SOFORTHELFER

Erkennbar sind die verschiedenen Typen an der Blütezeit. Frühblüher haben ihre Knospen bereits im Vorjahr gebildet. Sommerblüher blühen an den jungen Jahrestrieben. Vor einem Schnitt ist die Blütezeit zu beachten.

KLETTERPFLANZEN — WEITERE ARTEN

Blauregen
(Wisteria)

Wuchs
- Starkwüchsige Schlinger, braucht eine Kletterhilfe.

Verwendung
- Für Pergolen, an Fassaden. Nicht an Regenrohren hochleiten, diese werden zerdrückt.

Schnitt
- Kein Schnitt nötig.

Kiwi
(Actinidia)

Wuchs
- Wüchsiger Schlinger, braucht eine Kletterhilfe. Blüht ab Juni

Verwendung
- Für Pergolen, an Fassaden. Zum Fruchtansatz sind männliche und weibliche Pflanzen setzen oder selbstbefruchtende Sorte.

Schnitt
- Wenn geschnitten wird, dann nach der Ernte. Lange Triebe einkürzen.
- Kiwi lässt sich streng in Form halten, wenn regelmäßig geschnitten wird.

Trompetenblume
(Campsis)

Wuchs
- Starkwüchsiger Haftwurzelkletterer, braucht keine Kletterhilfe.

Verwendung
- Für Pergolen, an Fassaden, in Bäumen

Schnitt
- Blüht an den jungen Trieben und kann wie Sommerflieder im Spätwinter stark zurückgeschnitten werden. Ein Schnitt ist aber nicht zwingend nötig.

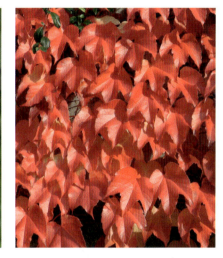

Efeu
(Hedera)

Wuchs
- Immergrüner Haftwurzelkletterer, braucht keine Kletterhilfe.

Verwendung
- An Fassaden, in Bäumen, auch als Bodendecker.

Schnitt
- Efeu kann geschnitten werden, um Fenster freizuschneiden oder Triebe einzukürzen bevor sie unters Dach kriechen.

Geißblatt
(Lonicera)

Wuchs
- Starkwüchsige Schlinger, braucht eine Kletterhilfe.

Verwendung
- Für Pergolen, an Spalieren und Zäunen, in Bäumen.

Schnitt
- Sowohl immergrüne wie sommergrüne Arten sollten möglichst wenig geschnitten werden, vertragen aber den Rückschnitt einzelner störender Triebe jederzeit.

Wilder Wein
(Parthenocissus)

Wuchs
- Starkwüchsiger Haftscheibenkletterer oder Ranker, braucht keine Kletterhilfe.

Verwendung
- Für Pergolen, an Spalieren und Zäunen, in Bäumen.

Schnitt
- Wo er ungehindert wachsen kann, braucht der starkwüchsige Kletterer keinen Schnitt. Das Einkürzen der Triebe ist aber jederzeit möglich und schadet der Pflanze nicht.

ROSEN

DIE
10
SCHNELLSTEN
ANTWORTEN

ROSEN

DIE MEISTEN ROSEN, DAS GILT BESONDERS FÜR EDEL-, BEET- UND KLEIN-STRAUCHROSEN, BLÜHEN NUR DANN BESONDERS ÜPPIG, WENN SIE IM FRÜHJAHR KRÄFTIG GESCHNITTEN WERDEN. IM SOMMER WERDEN NUR ABGEBLÜHTE TRIEBE, UNERWÜNSCHTE FRUCHTANSÄTZE UND KRANKE PFLANZENTEILE HERAUSGESCHNITTEN.

ROSENSTRÄUCHER NUR AUSPUTZEN

Bei Strauchrosen und Kletterrosen werden im Frühjahr erfrorene Pflanzenteile und alte Fruchtansätze, sowie überkreuz wachsende, zu eng stehende und störende Triebe ausgeschnitten. Sonst sollte das Strauchwerk aber insgesamt erhalten bleiben, um die Pflanzen nicht zu schwächen. Das Ausputzen von welken Blüten und kranken Pflanzenteilen erfolgt während der Wachstumszeit den Sommer hindurch.

ROSEN STÄRKEN

Die Vitalität und Blühfähigkeit muss insbesondere bei Rosen durch reichlich Kompost oder Mistgaben gefördert werden. Außerdem brauchen empfindliche Sorten einen Frostschutz durch Anhäufeln und eine Abdeckung mit Tannenreisig.

ROSEN SCHNITTGRUNDLAGEN

WAS
BRAUCHE ICH?

- Astschere
- Säge

WARUM
WIRD GESCHNITTEN?

- Vom Frost beschädigte Triebe werden entfernt.
- Ein kräftiger Rückschnitt bei Edel- und Beetrosen bewirkt einen kräftigen Austrieb und eine üppige Blüte.

Schnittführung oberhalb der Knospe

- Der Schnitt auf Augen bewirkt, dass die oberste und die darunterliegenden Knospen besonders kräftig austreiben.
- Bleibt ein langer Stummel stehen, wird er von Pilzsporen befallen.
- Wird zu knapp über der Knospe abgeschnitten, besteht die Gefahr, sie zu beschädigen.

Pinzieren

- Wenn im Frühsommer nach dem Austrieb die jungen, noch weichen Triebe eingekürzt werden, wird der Wuchs buschiger.
- Diese Seitentriebe bilden bis zum Sommer Blütenknospen.
- Das Pinzieren ist auch im Spätsommer noch machbar und fördert die Entwicklung neuer Blütentriebe bis zum Herbst.

| Basics | Obst | Zierbäume | Ziersträucher | Formschnitt | Hecken | Kletterpflanzen | Rosen | Stauden |

KOSMOS SOFORTHELFER

Der beste Termin für den Rosenschnitt ist stets im Spätwinter oder zeitige Frühling, wenn keine strengen Fröste mehr zu erwarten sind – die Forsythienblüte markiert den idealen Zeitpunkt. Das Pinzieren und Ausputzen erfolgt nach und nach während der Wachstumszeit im Sommer. Im Herbst sind nur welke Blüten, Fruchtansätze und kranke Pflanzenteile zu entfernen.

Auputzen

- Beim Sommerschnitt werden welke Blüten und Blütenmumien (eingetrocknete Knospen) sowie von Krankheiten wie Mehltau und Sternrußtau befallene Triebe entfernt.
- Krankes Laub gehört in den Hausmüll und nicht auf den Kompost.

Wildtrieb entfernen

- Praktisch alle Gartenrosen werden veredelt. Es kommt immer wieder vor, dass diese Wurzelunterlage durchtreibt.
- Die wilden Triebe sind am starken Wuchs und an den kleinen Blättchen erkennbar. Sie müssen freigelegt und gründlich entfernt werden.

ROSEN: SPEZIELLER SCHNITT 1

WAS BRAUCHE ICH?

- Astschere oder
- Rosenschere

WORAUF MUSS ICH ACHTEN?

- Bei starkwachsenden Sorten wird auf ca. 5 Knospen zurückgeschnitten.
- Bei schwachwachsenden wird auf 3–4 Knospen zurückgeschnitten

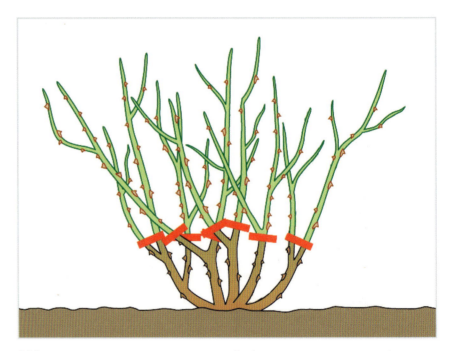

Edelrosen

- Edelrosen mit ihren langstieligen Trieben mit jeweils einer großen Blüte, lassen sich durch den langen Schnitt zur Entwicklung vieler Blütentriebe anregen.
- Das heißt, bei diesen Sorten erfolgt ein Rückschnitt 15–20 cm über dem Boden.

Beetrosen

- Durch den Rückschnitt auf 3–4 Augen bringen die Beetrosen weniger, aber kräftige neue Triebe hervor, die viele Blütenbüschel bilden.
- Beetrosen lassen sich durch einen kräftigen Rückschnitt zu stärkerem Wuchs anregen. Sie werden auf 10–15 cm zurückgeschnitten.

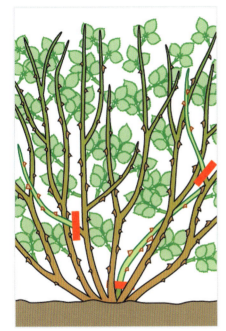
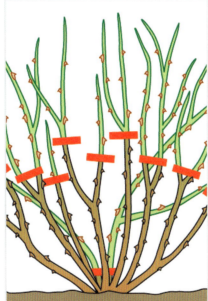

KOSMOS SOFORTHELFER

Besonders bei einmalblühenden Sorten, die schöne Früchte bilden, werden die welken Blüten nicht ausgeputzt, so setzen sich Hagebutten an. Bei den Öfterblühenden regt das Ausputzen welker Blüten dagegen eine üppigere Nachblüte an.

Einmalblühende Strauchrosen

- Frühblühenden Strauchrosen, haben ihre Blütenanlagen zum Teil schon im Vorjahr angesetzt.
- Ihnen würde ein <u>starker Rückschnitt schaden</u> und die Blütenfüllen vermindern. Sie werden deshalb nur maßvoll ausgelichtet.

Öfterblühende Strauchrosen

- Mehrmals blühende, also remontierende Strauchrosen, die ihre Hauptblütezeit im Juni haben und den Sommer hindurch weiterhin Blüten hervorbringen, werden <u>im Frühjahr kräftiger zurückgeschnitten</u>.
- Ein starker Schnitt würde unnötig Kraft kosten.

ROSEN SPEZIELLER SCHNITT 2

WAS
BRAUCHE ICH?

- Astschere oder
- Rosenschere

WORAUF
MUSS ICH ACHTEN?

- Bodendeckerrosen werden besonders dicht und breit, wenn sie stark zurückgeschnitten werden.
- Wildrosen bleibt licht und locker, wenn sie nur einen Auslichtungsschnitt erhalten.
- Climber werden ähnlich wie Strauchrosen geschnitten.
- Rambler werden nur leicht ausgelichtet.

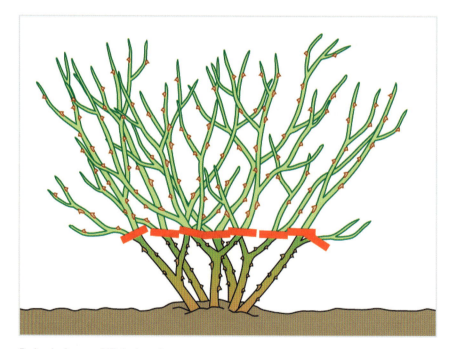

Bodendecker- und Kleinstrauchrosen

- Bodendeckerrosen werden etwa alle 3 Jahre auf eine Höhe von 20–25 cm zurückgeschnitten.
- Sie sind so robust, dass der Schnitt sogar mit einer Heckenschere durchgeführt werden kann.
- Sie können aber auch jedes Jahr im Frühling wie Beetrosen auf 15–20 cm zurückgeschnitten werden.

| Basics | Obst | Zierbäume | Ziersträucher | Formschnitt | Hecken | Kletterpflanzen | Rosen | Stauden |

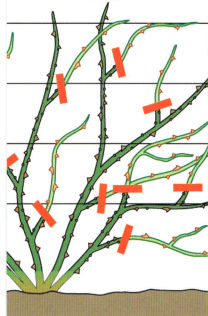

Öfterblühende Kletterrosen (Climber)

- Climber wachsen stark und aufrecht. Sie bilden pro Saison lange Triebe und sollten nur ausgelichtet werden.
- Es genügt, wenn regelmäßig überkreuzte, nach innen wachsende und erfrorene Triebe entfernt werden.

Einmalblühende Kletterrosen (Rambler)

- Bei Ramblern ist nur ein maßvoller Auslichtungsschnitt zu empfehlen.
- Werden sie im Winter zu stark geschnitten geht ein Teil der Blütenansätze verloren.

KOSMOS SOFORTHELFER

Im Prinzip lässt sich jede Rosensorte als Stämmchen veredeln. Das kann eine Bodendeckerrose, eine Beetrose oder eine Kletterrose sein. Je nach Wuchsverhalten bekommt man ein Edelrosenhochstämmchen, ein kompaktes Beetrosenhochstämmchen oder bei Kletterrosen eine Trauer- oder Kaskadenrose. Je nach Sorte erfolgt ein starker Rückschnitt oder nur ein Auslichtungsschnitt.

STAUDEN UND SOMMER-BLUMEN

DIE 17 SCHNELLSTEN ANTWORTEN

STAUDEN, GRÄSER UND SOMMERBLUMEN

DIE OBERIRDISCHEN PFLANZENTEILE VON DEN MEISTEN STAUDEN UND GRÄSER STERBEN IM HERBST AB, DEN WINTER ÜBERDAUERT NUR DAS WURZELWERK. IM FRÜHJAHR TREIBEN SIE DANN WIEDER IN NEUER FRISCHE AUS.
EINE AUSNAHME SIND WINTERGRÜNE ARTEN WIE BERGENIEN, IMMERGRÜNE SEGGEN ODER BAMBUS-ARTEN, DIE IHR LAUB AUCH IM WINTER BEHALTEN.

STAUDEN UND GRÄSER

Beim Rückschnitt von Stauden und Gräsern müssen die Entwicklungszeiten jeder Art beachtet werden. Bei Frühblühern werden die welken Blüten oder Samenstände schon im April ausgeschnitten, während dies bei Sommer- und Herbstblühern erst spät im Jahr nach dem Einziehen erfolgt.
Viele Stauden bilden attraktive Samenstände, die man durchaus bis ins Frühjahr stehen lassen kann. Sie sorgen für Akzente im winterlichen Garten und dienen vielen Insekten als Überwinterungsplatz. Sie werden dann erst im zeitigen Frühjahr abgeschnitten.

SOMMERBLUMEN

Sommerblumen, Beet- und Balkonblume dürfen nicht vor vor der Samenreife zurückgeschnitten oder entfernt werden, wenn man Samen für das nächste Jahr ernten möchte.
Will man jedoch die Blütezeit verlängern oder bei Balkonblumen einen kompakten Wuchs fördern, werden abgeblühte Knospen laufend entfernt.

STAUDEN UND SOMMERBLUMEN — SCHNITT

WAS
BRAUCHE ICH?

- Astschere oder
- Rosenschere oder
- Staudenschere

WORAUF
MUSS ICH ACHTEN?

- Nicht zu lange warten im Frühjahr – sonst behindert der Neuaustrieb den Schnitt.

Pinzieren

- Durch das Entspitzen weicher Triebe lässt sich ein buschiger Wuchs erzielen.
- Wenn Jungpflanzen im Anzuchtquartier zu wenig Licht erhalten und zu lange Triebe bilden, werden die Spitzen abgeknipst: So bleiben sie kompakt.

Staudenschnitt während des Jahres

- Stauden wie Rittersporn blühen ein zweites Mal, wenn sie sofort nach der Hauptblüte zurückgeschnitten werden.
- Der Rückschnitt ist auch dann sinnvoll, wenn Mehltau auftritt. Anfällige Arten wie Phlox, Salbei und Katzenminze bilden nach einem Rückschnitt im Frühsommer neue Triebe mit gesundem Blattwerk.

| Basics | Obst | Zierbäume | Ziersträucher | Formschnitt | Hecken | Kletterpflanzen | Rosen | Stauden |

KOSMOS SOFORTHELFER

Der Rückschnitt von Gräsern und Stauden darf im Frühjahr nicht zu spät erfolgen. Nach dem Winter, noch bevor die frischen Triebe aus dem Boden spitzen, werden die dürren Halme und h.lzigen Triebe abgeschnitten. Wartet man zu lange, wird ein Rückschnitt durch die vielen neuen Triebe unmöglich.

Staudenschnitt im Herbst

- Meist erfolgt der Rückschnitt der Stauden im Herbst, wenn sie <u>oberirdisch abgestorben</u> sind und eingezogen haben. Harte, verholzte Triebe müssen mit der Astschere abgeschnitten werden.
- <u>Dekorative Samenstände</u> oder solche, die als Vogelfutter dienen, bleiben bis zum Frühjahr erhalten.

Rückschnitt Gräser

- Ziergräser wie Chinaschilf, Lampenputzer- oder Reitgras wirken im Herbst besonders attraktiv, wenn sich ihr Laub goldbraun färbt und die Samenstände reifen. Sie werden erst <u>im Frühjahr</u> zurückgeschnitten.

- Beim Pampasgras bietet das (oben zusammengebundene) Blattwerk im Winter außerdem als <u>Schutz vor Nässe und Frost</u>.

GLOSSAR

Ableiten Einkürzen zu langer Triebe auf ein seitliches oder nach unten wachsendes Fruchtholz

Adventivknospen Schlafende Knospen, die erst zum Wachstum angeregt werden müssen. Oft von Außen nicht sichtbar

Alternanz Wechsel zwischen ertragreichen und weniger ertragreichen Jahren

Apex Spitze eines Triebs, Zweigs oder einer Wurzel

Apikal zur Spitze hin, die Spitze betreffend

Astring Ansatzstelle eines Asts am Stamm oder einem anderen Ast, die meist schlafende Augen enthält

Aufleiten Einkürzen eines abgesenkten Asts, wobei auf einen Seitenast, der nach oben wächst, geschnitten wird.

Ausdünnen Herausschneiden zu dicht stehender Triebe

Ausgeizen Auskneifen oder -brechen von Seitentrieben

Ausputzen Das Entfernen von abgeblühten und welken Blütenknospen bevor sie Samen ansetzen können

Ausreifen Verholzen der Triebe.

Austrieb Blätter, Blüten oder Triebe, die aus einer Knospe erscheinen

Basal nach unten hin

Blenden Zerstören einer Knospe, damit sie nicht austreibt

Blindtrieb Trieb, der keine Blüten bildet.

Buschbaum Kompakter Baum mit kurzem Stamm

Ersatztrieb Kräftiger Trieb oder Ast, als Ersatz für einen, der entfernt wird

Fächer Dekorative Erziehungsform, bei der die Äste fächerförmig vom Hauptstamm gezogen werden

Fastigiat Säulenförmiger, streng aufrechter Wuchs

Fruchtspieß Kurztrieb, an dem Blütenknospen gebildet und Früchte getragen werden

Gegenständig Knospen, Blätter oder Blüten, die am Trieb gegenüberstehen

Halbstamm Baum mit einem Stamm bis etwa 1,20 m Länge

Heister Jungbaum mit ersten Seitentrieben am Hauptstamm

Hochstamm Baum mit einem Stamm von mindestens 1,80 m Länge

Internodium Bereich zwischen zwei Knospen an einem Trieb

Kleiderhaken Aststumpf, der beim Absägen größerer Äste am Stamm stehen bleibt und dann ganz abgesägt wird

Knospen, schlafende s. Adventivknospen

Konkurrenztrieb Starkwüchsiger aufrechter Trieb, der den Trieb, an dem er wächst, überholt

Krone Gesamtes Astwerk über dem Stamm

Leittrieb Der Haupttrieb einer Pflanze, der am stärksten in die Länge oder nach oben wächst

Mehrstämmig Baum oder Strauch mit mehreren Haupttrieben

Mitteltrieb Der Haupt- oder Leittrieb eines Baums oder Strauchs

Nodium Knospe

Pinzieren Auskneifen der Spitzen von Trieben oder von Knospen

Pyramidenform Erziehungsform, bei der der Baum in Form eines Kegels oder einer Pyramide gezogen wird

Reiter Alter Wasserschoss, der eine beachtliche Dicke erreicht hat

Ruheperiode Zeit, in der die Pflanze nicht wächst, zum Beispiel im Winter oder während Trockenperioden

Rute Unverzweigter Trieb oder Jungbaum

Schneiteln Das regelmäßige Zurückschneiden aller Triebe auf einen Hauptstamm oder Hauptast

Seitenknospen Knospen, die in den Blattachseln sitzen

Spalier Dekorative Erziehungsform, bei der die Äste in waagrechten Etagen vom Hauptstamm gezogen werden

Spindelbusch Kleiner Obstbaum mit offener Krone, bei der die Äste künstlich in die Waagrechte gezogen werden

Stock, Auf den Stock setzen Das regelmäßige Zurückschneiden aller Triebe bis knapp über dem Boden

Unterlage Wurzelunterlage auf die eine Edelsorte veredelt wird

Unterlage, mittelstarkwüchsige Wurzelunterlage, die das Wachstum der auf ihr veredelten Sorte nicht so stark fördert bremst

Unterlage, schwachwüchsige Wurzelunterlage, die das Wachstum der auf ihr veredelten Sorte stark bremst

Unterlage, starkwüchsige Wurzelunterlage, die das Wachstum der auf ihr veredelten Sorte fördert

Veredeln Das Aufsetzen eines Edelreises (Trieb, Auge, Knospe) auf eine Unterlage

Vergeilen Überlanges Triebwachstum durch zuviel Wärme und zu dunklen Standort

Wasserschosse Starkwachsende Triebe, die am Stamm oder an den Ästen entstehen, häufig an Schnittstellen

Wechselständig Knospen, Blätter oder Blüten, die abwechselnd am Trieb stehen.

Wurzelballen Kompakter Ballen aus Wurzeln und Erde, im Kübel oder beim Ausgraben

Wurzelnackt Pflanze ohne Erde an den Wurzeln, ohne Ballen

Wurzelunterlage Unterlage zum Veredeln.

Zapfen Abgestorbener Triebteil über einer Knospe nach dem Schnitt

REGISTER

A
Absenken 21
Abspreizen 21
Ahorn, Feld- 98
Ambossschere 7
Apfel 38 f.
Aprikose 49
Äste absägen 18
Astring 17
Astsäge 9
Astschere 8
Aufputzen, Stamm 70
Ausputzen, Rosen 115
Ausschlenzen 24

B
Backenschere 9
Bastardzypresse 102
Baumschere 8
Beetrosen 116
Berberitze 98
Birne 40 f.
Blauregen 110
Bodendeckerrosen 118
Borke, lose 27
Brombeere 54
Buche 99
Buchsbaum 100
Buchsschere 89
Buschbaum 31

C
Clematis 108
Climberrosen 119

D
Desinfizieren 26

E
Edelrosen 116
Efeu 111
Eibe 103
Erhaltungsschnitt
   Ziergehölze 66 f.
   Ziersträucher 82
Erziehung
   Hecke 94
   Obst 30
   Ziergehölze 64
   Obst 34

F
Fällen, Bäume 72
Fehler 13, 24 f.
Feuerdorn 101
Fichte, Serbische 103
Fichtenhecke 105
Formschnitt 86 ff.
–, Fantasieformen 91
–, Hecken 90, 96
–, Kugeln 90
–, Pyramiden 91
Fruchttriebe 32

G
Geißblatt 111
   Immergrünes 100
Gipfel, doppelter 71
Glanzmispel 101
Gräser 120 ff.
Grundlagen
   Obstgehölzschnitt 32
   Rosenschnitt 114
   Ziergehölzschnitt 62 f.
   Ziersträucherschnitt 80

H
Hainbuche 98
Handschuhe 10
Hängekrone 65
Haselnuss 57
Hecken 92 ff.
   frei wachsende 97
   immergrüne 100
   Nadelgehölz- 102
   sommergrüne 98
   verjüngen 104
Heckenkrone 96
   konische 96
   quaderförmige 96
   runde 97
Heckenschere 88
Heften 20
Heilung 17
Himbeere 52
Hippe 9
Hochstamm
   Obst 31
   Rose 119
Hohlkrone 30

I
Ilex 100

J
Johannisbeere 50

K
Kalkanstrich 26
Kaskadenrose 119
Kirsche
   Sauer-Kirsche 46
   Süß-Kirsche 44
Kiwi 110

Kleiderhaken 16
Kleinstrauchrosen 118
Kletterpflanzen 106 ff.
Kletterrosen 119
Konkurrenztriebe 25
Kronenform 30
Kugelkrone 65, 67

L
Langtriebe 32
Lebensbaum 103
Leiter 11
Lenken 13
Liguster 99
Lorbeer-Kirsche 101

M
Messer 9

N
Nachschneiden, Wunden 19
Nadelgehölze 70 f.

O
Obstgehölzschnitt 28 ff.

P
Pfahl 34
Pfirsich 48
Pflanzschnitt
  Obst 34
  Ziergehölze 64
  Ziersträucher 76
Pflanzung
  Hecke 94
  Obst 34
  Ziergehölze 60 f.
  Ziersträucher 76
Pflaume 42
Pflege, vorbeugende 26 f.
Pinzieren 122
  Rosen 114
Pyramidenkrone 30

Q
Quitte 49

R
Rambler 119
Ränder, fransige 24
Reiter 32
Rinde, künstliche 22
Risse 27
Rosen 112 ff.
–, Hochstämmchen 119
–, spezieller Schnitt 116 ff.
–, Schnittzeitpunkt 115
Rotpustel 25

S
Säge 9
Schafschere 89
Scheinzypresse 102
Scheren, Formschnitt 88
Schnitt auf Augen 15
Schnitt
  richtiger 14 f.
  schwacher 12
  starker 12
  Weinrebe 16
  Wirkung 12
Schnittfehler 24 f.
Schnittgruppen, bei Clematis 108
Schutzbrille 10
Sicherheit 10
Sommerblumen 120 ff.
Sommerschnitt
  Ziersträucher 79
Spalier, Obst- 31
Spindelbusch 31
Stäben 20
Stachelbeere 50
Stauden 120 ff.
Staudenschnitt 122
Stechpalme 100
Stock, setzen 73
Strauchrosen 117

T
Thuja 103
Topiari 87
Trauerrose 119
Trompetenblume 110

U
Unterlagen 32

V
Veredelungen 32
Verjüngungsschnitt
  Ziersträucher 84
  Obst 36 f.
  Ziergehölze 68 f.

W
Wachstumsgesetze 12
Walnuss 56
Wasserschosse 32, 66
Wein, Wilder 111
Weiß-Dorn 99
Wildtriebe, Rosen 66, 115
Wildverbiss 27
Wunden 17
Wundversorgung 19, 22 f.

Z
Zapfen 16, 70
Ziergehölze 58 ff.
Ziersträucher 74 ff.

IMPRESSUM

mit 172 Fotos von Peter Himmelhuber, Regensburg (131) sowie gartenfoto.eu/Martin Staffler, Stuttgart (22): 1, 2 Mi re, 2 re, 3 alle 4, 6, 8/9 alle 4, 14/15 alle 4, 74, 89, 92, 106, 112, 120
Gartenschatz, Stuttgart (33): 2 Mi li, 5, 58, 62 Mi, 63 li, 78 beide, 80, 98/99 alle 6, 100/101 alle 6, 102 li, 102 Mi, 103 li, 103 Mi, 108 re, 109 beide, 110/111 alle 6, 122 re
Flora Press Agency, Hamburg:
/Biosphoto (2): 81 re, 91 re
/Blitzart (1): 65 li
/Gisela Caspersen (1): 88
/The Garden Collection (7): 2 li, 10 beide, 26 li, 28, 47 li, 102 re
/Nova Photo (1): 65 re
/Visions (2): 89, 103 re
Friedrich Strauß, Au/Hallertau (3): 90 li, 91 li, 122 li

mit 6 Illustrationen von Wolfgang Lang, Grafenau: 116/117, 118/119

Umschlaggestaltung von Gramisci Editorialdesign, München unter Verwendung von zwei Fotos von gartenfoto.eu/Martin Staffler

mit 172 Fotos und 6 Illustrationen

Alle Angaben in diesem Buch sind sorgfältig geprüft und geben den neuesten Wissensstand bei der Veröffentlichung wieder. Da sich das Wissen aber laufend in rascher Folge weiterentwickelt und vergrößert, muss jeder Anwender prüfen, ob die Angaben nicht durch neuere Erkenntnisse überholt sind. Dazu muss er zum Beispiel Beipackzettel zu Dünge-, Pflanzenschutz- bzw. Pflanzenpflegemitteln lesen und genau befolgen sowie Gebrauchsanweisungen und Gesetze beachten.
Unser gesamtes lieferbares Programm und viele weitere Informationen zu unseren Büchern, Spielen, Experimentierkästen, DVDs, Autoren und Aktivitäten finden Sie unter kosmos.de

Gedruckt auf chlorfrei gebleichtem Papier

© 2012, Franckh-Kosmos Verlags-GmbH & Co. KG, Stuttgart.
Alle Rechte vorbehalten
ISBN 978-3-440-13238-8
Projektleitung:
Kullmann & Partner GbR, Stuttgart
Konzeptionelle Entwicklung:
Kullmann & Partner GbR, Marc Strittmatter
Gestaltungskonzept:
Gramisci Editorialdesign, München
Gestaltung und Satz: Kristijan Matic/
Kullmann & Partner GbR, Stuttgart
Produktion: Jürgen Bischoff
Printed in Slovenia / Imprimé en Slovenie

DER AUTOR

Peter Himmelhuber aus Regensburg ist erfahrener Landschaftsgärtner und Gartenpraktiker. Als Autor hat er zahlreiche Gartenbücher verfasst, das Thema Pflanzenschnitt ist dabei einer seiner Schwerpunkte. Für eine Fachzeitschrift hat er Tausende von Leseranfragen beantwortet und kennt daher die Fragen und Probleme genau, die beim Gärtnern und insbesondere beim Schneiden von Pflanzen aller Art auftreten.

Sucherfolg statt Suchmaschine

Joachim Mayer
Küchenkräuter
128 Seiten, 200 Abbildungen, €/D 14,99
ISBN 978-3-440-13156-5

In diesem Buch finden Sie die Basics zur Kräuterpflege auf der Fensterbank und Balkon, Terrasse und Küchengarten zu allen wichtigen Themen wie Gießen, Düngen und Umtopfen. Gesucht – gefunden: die 99 besten Antworten auf die wichtigsten Fragen.

Tanja Ratsch
Kübelpflanzen
128 Seiten, 200 Abbildungen, €/D 14,99
ISBN 978-3-440-13157-2

Gesucht – gefunden: die 99 schnellsten Antworten auf Fragen rund um die erfolgreiche Pflege Ihrer Kübelpflanzen. Spezielle Pflegehinweise, Tipps zu Krankheiten und Schädlingen machen dieses Buch unverzichtbar für jeden Hobby-Gärtner.

kosmos.de/garten